初級中国語

改訂版

会話編

～自分のことばで話す中国語～

奥村佳代子・塩山正純・張軼欧

KINSEIDO

は じ め に

　わたしたち三人が執筆に参加した前作『中国語への道—近きより遠きへ—』の初版から十年、その改訂版からも５年、語学教育をとりまく環境も変化し、従来のテキストでは授業がしにくいところも大学などでは増えてきました。そこで前作の会話も講読もやる、という基本的な考えを分冊という形で活かして『初級中国語 会話編 自分のことばで話す中国語』『初級中国語 講読編 自分のことばで表現する中国語』という二冊のテキストを作ることになりました。

　前作『中国語への道』のスタートを振り返ってみます。近代の外国人による外国人のための中国語教科書の最高峰といわれるイギリス人トーマス・フランシス・ウェードの『語言自邇集』という伝説的な一冊がありますが、わたしたちはそこに一歩でも近づきたいという気持ちで儒教の経書『中庸』の一節「君子の道は、たとえば遠きに行くは必ず邇き自りするが如く、たとえば高きに登るは必ず卑き自りするが如し。」から「—近きより遠きへ—」という副題をつけました。また、第二次世界大戦前の上海には東亜同文書院大学という中国をフィールドに活躍する人材の育成を目的とした「日本の」大学があって、中国語の学習には『華語萃編』という非常に大部なテキストが使われていました。いまの大学生と変わらない年齢の日本人が実際にそうしたテキストで勉強した歴史があることも、中国語を学習する皆さんには知っておいて欲しいと思います。

　前作は各課に会話文と閲読の短文がある欲張りな構成でした。本テキストはコンパクトさを目指して分冊はしましたが、質と量が将来的な評価にも耐えうるようなテキストを、という考えは変えていません。というのも、中国語は日本語と同じく漢字を使用する言語ゆえに、取っ付き易い外国語ではあるけれども、決して易しい外国語ではなく、ゴール迄に要する努力は外の外国語と同じだからです。ただ取っ付き易さを活かさない手はありませんから、随所で学習者が興味を保てるような工夫はしています。

　近代にまでさかのぼらずとも、三人の著者が学んだ時代と現在とでは日本での「中国語」あるいは「中国語学習」を取り巻く環境も随分と変わっています。当時は国内ではまだまだ中国のひとは珍しく、学習者の中国語学習の動機も「中国を知りたい」に直結していました。それが今では国内で中国のひとと交流できる機会のあることが当たり前になり、中国でも雑誌『知日』や『在日本』の人気に象徴されるように、自分の視点で日本を知りたい、もっと日本を体験したいというひとが飛躍的に増えています。中国語をやるのならまず中国のことを理解すべきという考えかたもあるでしょうが、すぐに国内で中国語でのコミュニケーションの機会があるならば、まずはそこからスタートして、そのさきの「中国を知りたい」につなげ、さらには中国にも出かけて自分自身の目で見た中国理解につなげるのも一つのあり方ではないかと思います。

　それには自分の考えを中国語で表現する発信と、中国人が中国語で考えたり話したりすることを理解する受信の両方が必須です。学習者にはどちらか一方ではなくて、中国語で書かれたり、話されたりしたことを理解できる能力と、自分の考えたことを中国語で発信できる能力を同時に身につけるスタンスで勉強して欲しいと思うのです。

　本テキストは、まず発音編３課と、数の表現を学ぶ１課、そこから会話或は講読の本文と文法ポイ

ント、練習問題からなる本文編の 10 課からなる全 14 課という構成です。本書の特徴は、各課の学習を通して「なにを表現できるようになるか」という目標を設定したこと、本文とポイントの学習事項をたしかめる検定スタイルの練習問題をつけたこと、さらに巻末に実際のコミュニケーションを想定した会話や自己紹介ユニットをそなえた実践的なドリルもつけたことです。練習問題やドリルは本文と自由に組み合わせて、各自のスタイルで学習できるようレイアウトしています。また、会話編、講読編を併用するとより効果的な学習ができるように内容はリンクさせています。

本書のサブタイトル「自分のことばで」には、将来中国語を話したり使ったりすることのできる日本人が少しでも増えてほしいという願いを込めています。どの言語であれ、自分の気持ちや考えのないことばはひとに届かないでしょう。ひとに届くことばを発するためには、自分のなかにことばがなくてはなりません。「自分のことばで」話し、表現するために、できるだけたくさんの「ことば…中国語」を蓄えてください。

本書は金星堂の川井義大さんの全面的なサポートのもとに完成しました。ここに感謝の気持ちを表します。

このテキストを授業で使用くださる先生方には内容について忌憚の無いご批判をお願いすると同時に、学習者の皆さんには、このテキストを通して中国語の基礎をしっかり身につけてもらえることと期待しています。

2016 年 9 月　著者

本テキストには、単語表の語に品詞を付記しています。文法の理解に役立てていただければ幸いです。『現代漢語詞典第 6 版』を基準に、日本で現在用いられている中国語辞書の記述も参考にしています。

【本テキストの品詞名表示法】

名	名詞	助動	助動詞	量	量詞	動	動詞	助	助詞
感	感嘆詞	形	形容詞	介	介詞	数	数詞	副	副詞
接	接続詞	接辞	接頭辞・接尾辞			代	代名詞（人称・指示・疑問）		

🎧 音声ファイル無料ダウンロード

http://www.kinsei-do.co.jp/download/0729

この教科書で ⬇ DL 00 の表示がある箇所の音声は、上記 URL または QR コードにて無料でダウンロードできます。自習用音声としてご活用ください。

▶ PC からのダウンロードをお勧めします。スマートフォンなどでダウンロードされる場合は、ダウンロード前に「解凍アプリ」をインストールしてください。
▶ URL は、検索ボックスではなくアドレスバー (URL 表示覧) に入力してください。
▶ お使いのネットワーク環境によっては、ダウンロードできない場合があります。

◎ CD 00　左記の表示がある箇所の音声は、教室用 CD に収録されています。

●● 目 次 ●●

はじめの一歩

発音編 1 ― 声調と韻母（母音）

◆ **声調 … 四声**

 DL 01
CD 1-01

mā	má	mǎ	mà
高く平らに	一気に尻上がり	低く抑える	一気に高から低へ
第1声	第2声	第3声	第4声

◆ **中国語の音節＝声母＋韻母＋声調**

※声母とは子音、韻母とは母音です。

mā ＝ m ＋ a ＋ 第一声 …… 妈（お母さん、母親）

má ＝ m ＋ a ＋ 第二声 …… 麻（麻、しびれる）

mǎ ＝ m ＋ a ＋ 第三声 …… 马（馬）

mà ＝ m ＋ a ＋ 第四声 …… 骂（ののしる、叱る）

1 次の音を発音しましょう。

DL 02
CD 1-02

① mā má mǎ mà　　② mà mǎ má mā

③ mǎ má mà mā　　④ mā mǎ mà má

2 ローマ字の a の上に発音された声調符号を書き入れましょう。

DL 03
CD 1-03

① ma　　② ma　　③ ma　　④ ma

◆ **韻母 1（単母音）**

DL 04
CD 1-04

a　o　e　i(yi)　u(wu)　ü(yu)　er

※（ ）内の表記は前に子音がないときのつづり。以下同じ。

1 次の音を発音しましょう。

DL 05
CD 1-05

①ā á ǎ à　②ō ó ǒ ò　③ē é ě è　④yī yí yǐ yì

⑤wū wú wǔ wù　⑥yū yú yǔ yù　⑦ēr ér ěr èr

2 発音された順番に番号をふり、声調符号も書きましょう。

DL 06
CD 1-06

（　　）a（啊／えっ）　　（　　）o（哦／あぁ）

（　　）e（饿／空腹である）　　（　　）wu（五／5）

◆ 韻母 2（複母音）

DL 07
CD 1-07

ai	ei	ao	ou	
ia	ie	ua	uo	üe
(ya)	(ye)	(wa)	(wo)	(yue)
iao	iou	uai	uei	
(yao)	(you)	(wai)	(wei)	

※（　）内の表記は前に子音がないときのつづりです。

☞ **声調符号の付け方**

1. 母音の上に付けます。　　　　　　ā　　yí　　wǔ　　tè
2. a があれば a の上に。　　　　　　ài　　māo　　piào
3. a がなければ o か e の上に。　dōu　　duō　　gěi　　yuè
4. i と u が並べば後の方に。　　　diū　　duì

　　　　　a>o か e（o と e は並ばないので安心）＞ i か u（i と u が並べば後の方に）

---

1 次の音を発音しましょう。

DL 08
CD 1-08

① āi ái ǎi ài　　　ēi éi ěi èi　　　āo áo ǎo ào　　　ōu óu ǒu òu

② yā yá yǎ yà　　　yē yé yě yè　　　wā wá wǎ wà　　　wō wó wǒ wò
yuē yué yuě yuè

③ yāo yáo yǎo yào　yōu yóu yǒu yòu　wāi wái wǎi wài　　wēi wéi wěi wèi

2 発音された順番に番号をふり、声調符号も書きましょう。

DL 09
CD 1-09

（　　　）ei（欸 / あれ？、ねえ）　　　　（　　　）yao（要 / 要る、必要である）

（　　　）you（有 / 持っている、ある、いる）（　　　）ye（也 / ～も、また）

（　　　）wo（我 / わたし）　　　　　　　（　　　）yue（月 / ～月）

3 発音して覚えましょう。

DL 10
CD 1-10

Wǒ è.（我 饿。/ わたしは空腹です。）　　Wǒ yào.（我 要。/ わたしは要ります。）

第二课
Dì èr kè

つぎの一歩
発音編 2 ― 声母（子音）と鼻母音

◆ 声母 1（唇音・舌尖音・舌根音）

DL 11
CD 1-11

	無気音	有気音		
唇音	b (o)	p (o)	m (o)	f (o)
舌尖音	d (e)	t (e)	n (e)	l (e)
舌根音	g (e)	k (e)	h (e)	

1 次の音を発音しましょう。

DL 12
CD 1-12

① bā pá mǎ fà ② bēi péi běi pèi ③ biǎo piào méi fèi

④ dé tā nǎ lè ⑤ duì tài nǔ liè ⑥ guì kāi huǒ liáo

2 発音された子音を空欄に書きましょう。

DL 13
CD 1-13

① （　）à（怕／恐れる） ② （　）ā（八／8） ③ （　）ā（他／彼）

④ （　）à（大／大きい） ⑤ （　）ǐ（你／あなた） ⑥ （　）í（梨／なし）

⑦ （　）ǎi（买／買う） ⑧ （　）āi（开／開ける、運転する） ⑨ （　）iù（六／6）

⑩ （　）āo（猫／猫） ⑪ （　）èi（累／疲れている） ⑫ （　）uō（多／多い）

⑬ （　）ōu（都／すべて） ⑭ （　）ǒu（狗／犬） ⑮ （　）uì（贵／値段が高い）

⑯ （　）uì（对／はい、正しい）

3 発音して覚えましょう。

DL 14
CD 1-14

Wǒ ài nǐ.（我 爱 你。／わたしはあなたを愛しています。）

Tā mǎi lí.（他 买 梨。／彼は梨を買います。）

◆ 声母 2（舌面音・そり舌音・舌歯音）

DL 15
CD 1-15

	無気音	有気音		
舌面音	j (i)	q (i)	x (i)	
そり舌音	zh (i)	ch (i)	sh (i)	r (i)
舌歯音	z (i)	c (i)	s (i)	

1 次の音を発音しましょう。

DL 16
CD 1-16

① jī qí xǐ qì ② zì cí sì zǐ ③ zì zū cì cù sī sú

④ zhǐ chī shí rì ⑤ zhè chē shé rè ⑥ jiǔ qiú xiū ⑦ jué què xué

2 発音された子音を空欄に書きましょう　　　　　　　　　　　　　　　　　　　DL 17　　CD 1-17

① (　　　)ī（吃 / 食べる）　　② (　　　)í（十 /10）　　③ (　　　)ué（学 / 学ぶ）

④ (　　　)ē（车 / 車）　　　　⑤ (　　)iǔ（九 / 9）　　⑥ (　　)ī（七 / 7）

⑦ (　　)í（词 / 単語）　　　　⑧ (　　)ì（字 / 字）　　⑨ (　　)ì（四 / 4）

⑩ (　　)ù（去 / 行く）

3 発音して覚えましょう。　　　　　　　　　　　　　　　　　　　　　　　　DL 18　　CD 1-18

Wǒ chī lí.　　（我 吃 梨。/ わたしは梨を食べます。）

Tā mǎi shū.　　（他 买 书。/ 彼は本を買います。）

◆ 韻母 3（鼻母音）　　　　　　　　　　　　　　　　　　　　　　　　　　DL 19　　CD 1-19

an	en	ang	eng	ong
ian	in	iang	ing	iong
(yan)	(yin)	(yang)	(ying)	(yong)
uan	uen	uang	ueng	
(wan)	(wen)	(wang)	(weng)	
üan	ün			
(yuan)	(yun)			

※（　　）内の表記は前に子音がないときのつづりです。

1 次の音を発音しましょう。　　　　　　　　　　　　　　　　　　　　　　　DL 20　　CD 1-20

① bān — bāng　　② pén — péng　　③ xián — xiǎng　　④ xīn—xīng

⑤ huān — huáng　　⑥ juān — quán — xuǎn　　⑦ jūn — jiōng — qióng — qún

2 発音された母音と声調符号を空欄に書き入れましょう。　　　　　　　　　　DL 21　　CD 1-21

① s(　　　)（三 / 3）　　　　② sh(　　　)（山 / 山）　　③ f(　　　)（分 / 分）

④ h(　　　)（很 / とても）　　⑤ q(　　　)（钱 / お金）　　⑥ q(　　　)（墙 / 壁）

⑦ m(　　　)（慢 / ゆっくりである）⑧ m(　　　)（忙 / 忙しい）

⑨ c(　　　)（村 / 村）　　　　⑩ k(　　　)（困 / 眠たい）

3 発音して覚えましょう。　　　　　　　　　　　　　　　　　　　　　　　DL 22　　CD 1-22

Wǒ xìng wáng.　　（我 姓 王。/ わたしは王といいます。）

Tiān hěn liàng.　　（天 很 亮。/ 空は（とても）明るい。）

そのつぎの一歩
発音編 3 ― 軽声と声調変化

◆ **軽声**

(1) 第 1 声＋軽声　　(2) 第 2 声＋軽声　　(3) 第 3 声＋軽声　　(4) 第 4 声＋軽声

1 発音を聞き、軽声に気をつけながら練習しましょう。　　🎧 DL 23　◎ CD 1-23

① māma（妈妈 / お母さん）　gēge（哥哥 / お兄さん）

② yéye（爷爷 /（父方の）おじいさん）

③ nǎinai（奶奶 /（父方の）おばあさん）　jiějie（姐姐 / お姉さん）

④ bàba（爸爸 / お父さん）　mèimei（妹妹 / 妹）

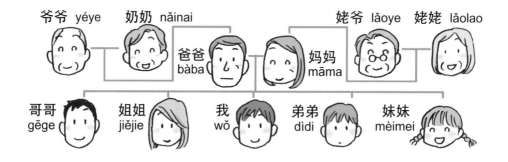

2 軽声に気をつけて発音しましょう。　　🎧 DL 24　◎ CD 1-24

① guānxi（关系 / 関係）　　② máfan（麻烦 / 煩わしい）

③ nǐmen（你们 / あなたたち）　　④ kèqi（客气 / 遠慮する）

☞ **"iou" と "uei" と "uen"**

韻母の "iou" "uei" "uen" が声母と結びついた時、ピンインではそれぞれ "-iu" "-ui" "-un" と表記します。例えば "iou" が "d" と結びついたら "diu"、"uei" が "g" と結びついたら "gui"、"uen" が "k" と結びついたら "kun" と表記します。

◆ "不" と "一" の声調変化

DL 25
CD 1-25

"不" は単独では第4声 "bù"

声調変化 → bù chī（不吃） bù máng（不忙） bù hǎo（不好） bú qù（不去）

　　　　※ "不" の後ろに第4声がきた場合は第2声になり、それ以外はすべて第4声のままです。

"一" は単独では "yī"、順番が決まっているものも "yī"。

yī yuè（一月） yì diǎn（一点）

声調変化 → yì tiān（一天） yì nián（一年） yì mǐ（一米） yí kuài（一块）

　　　　※ "一" の後ろに第4声がきた場合は第2声になり、それ以外はすべて第4声です。

◆ 第3声の連続

DL 26
CD 1-26

低い音調である第3声が連続する場合は、連続を避け、前の音を第2声で発音し、「第2声＋第3声」の組み合わせで発音されます。ただし、声調符号は第3声のままです。次の中国語は、「第2声＋第3声」「第2声（または第3声）＋第2声＋第3声」で発音されます。

Nǐ hǎo!（你 好！／こんにちは。） Wǒ mǎi bǐ.（我 买 笔。／わたしはペンを買う。）

◆ r化

DL 27
CD 1-27

huār（花儿／花） shìr（事儿／事、用事） wánr（玩儿／遊ぶ）

1 発音して覚えましょう。

DL 28
CD 1-28

Nǐ hǎo!（你 好！／こんにちは。）　　— Nǐ hǎo!（你 好！／こんにちは。）

Xièxie.（谢谢！／ありがとう。）　　— Bú xiè!（不 谢！／どういたしまして。）

Duìbuqǐ!（对不起！／すみません。）

　　　— Méiguānxi!（没关系！／かまいませんよ。）

Zàijiàn!（再见！／さようなら。）　　— Míngtiān jiàn!（明天见！／またあした。）

2 自分の名前を言いましょう。（名前の聞き方、答え方）

DL 29
CD 1-29

您　貴姓？　　　　　　　— 我　姓　林。
Nín　guìxìng?　　　　　　Wǒ　xìng　Lín.

お名前は何とおっしゃいますか。　わたしは林といいます。

你　叫　什么　名字？　　— 我　叫　林　刚。
Nǐ　jiào shénme míngzi?　　Wǒ　jiào　Lín　Gāng.

何という名前ですか。　　　　わたしは林剛といいます。

3 隣の人とお互いの名前を尋ねましょう。

第四課
Dì sì kè

さらなる一歩
— 数の言い方と数を使う表現

◆ **基本の数**

DL 30
CD 1-30

まずは、0から10までを繰り返し発音し、覚えましょう。

0	1	2	3	4	5	6	7	8	9	10
零	一	二	三	四	五	六	七	八	九	十
líng	yī	èr	sān	sì	wǔ	liù	qī	bā	jiǔ	shí

11	12	20	21	……	99	100	1000	10000
十一	十二	二十	二十一		九十九	一百	一千	一万
shíyī	shí'èr	èrshí	èrshiyī		jiǔshíjiǔ	yìbǎi	yìqiān	yíwàn

数字を使う表現

年齢、値段、時刻、日付、曜日は、数を用いて表します。決まった言い方がありますので、定型文として覚えてしまいましょう。(年齢、身長、体重は第8課で取り上げます。)

◆ **年齢**

DL 31
CD 1-31

你 今年 多 大 (了)？　　　我 今年 18 岁 (了)。
Nǐ jīnnián duō dà (le)?　　Wǒ jīnnián shíbā suì (le).

今年いくつですか。　　　　　今年18才です。

1 ① 年齢を尋ねましょう。　　② 年齢を答えましょう。

◆ **値段**

DL 32
CD 1-32

多少 钱？　　　　　三十 块 五 毛。
Duōshao qián?　　Sānshí kuài wǔ máo.

いくらですか。　　　30元5角（30.5元）です。

2 ①「いくらですか。」と中国語で言ってみましょう。

②「26元8角です。」と中国語で言ってみましょう。

◆ 時刻

DL 33
CD 1-33

现在　几　点？
Xiànzài jǐ diǎn?

今何時ですか。

十一　点。	十一　点　左右。	十一　点　二十　分。	十一　点　半。
Shíyī diǎn.	Shíyī diǎn zuǒyòu.	Shíyī diǎn èrshí fēn.	Shíyī diǎn bàn.
11時です。	11時前後です。	11時20分です。	11時半です。

3 ① 現在の時刻を尋ねましょう。　　② 現在の時刻を答えましょう。

◆ 日付

DL 34
CD 1-34

今天　几　月　几　号？
Jīntiān jǐ yuè jǐ hào?

今日は何月何日ですか。

今天　四月　十五　号。
Jīntiān sìyuè shíwǔ hào.

今日は4月15日です。

你　的　生日　是　几　月几号？
Nǐ de shēngrì shì jǐ yuè jǐ hào?

誕生日は何月何日ですか。

我　的　生日　是　二月　六　号。
Wǒ de shēngrì shì èryuè liù hào.

わたしの誕生日は2月6日です。

4 ① 誕生日を尋ねましょう。　　② 自分の誕生日を言いましょう。

◆ 曜日

DL 35
CD 1-35

月曜日	火曜日	水曜日	木曜日	金曜日	土曜日	日曜日
星期一	星期二	星期三	星期四	星期五	星期六	星期天
xīngqīyī	xīngqī'èr	xīngqīsān	xīngqīsì	xīngqīwǔ	xīngqīliù	xīngqītiān

明天　星期几？
Míngtiān xīngqījǐ?

明日は何曜日ですか。

明天　星期四。
Míngtiān xīngqīsì.

明日は木曜日です。

5 ① 今日の日付と曜日を言いましょう。

我 喝 咖啡。
Wǒ hē kāfēi.

1. 「これは何ですか」とたずねることができる。
2. 自分が何を食べたり飲んだりするのかを伝えたり、たずねたりできる。

単語表
DL 36
CD 1-36

	中国語	ピンイン		🇯🇵		中国語	ピンイン		🇯🇵
1	这	zhè	代	これ，それ	16	她们	tāmen	代	彼女ら
2	是	shì	動	〜は…である	17	哪	nǎ	代	どれ
3	什么	shénme	代	何	18	老师	lǎoshī	名	(学校の) 先生
4	乌龙茶	wūlóngchá	名	ウーロン茶	19	不	bù (第4声の前では bú)	副	〜しない，〜でない
5	那	nà	代	あれ，それ	20	学生	xuésheng	名	学生
6	咖啡	kāfēi	名	コーヒー	21	手机	shǒujī	名	携帯電話
7	你	nǐ	代	あなた	22	谁	shéi	代	だれ，どなた
8	喝	hē	動	飲む	23	医生	yīshēng	名	医者
9	我	wǒ	代	わたし	24	吃	chī	動	食べる
10	我们	wǒmen	代	わたしたち	25	炒饭	chǎofàn	名	チャーハン
11	您	nín	代	あなた(敬語)	26	去	qù	動	行く
12	你们	nǐmen	代	あなたたち，あなたがた	27	学校	xuéxiào	名	学校
13	他	tā	代	彼	28	买	mǎi	動	買う
14	她	tā	代	彼女					
15	他们	tāmen	代	彼ら					

本文
ポイント

本文

知り合ったばかりの林玲（Lín Líng、リンリン）さんと林剛（Lín Gāng、はやし ごう）さんは、大学内の
カフェで何か飲みながら話をすることにしました。

林玲： 这 是 什么？
Zhè shì shénme?

林剛： 这 是 乌龙茶。
Zhè shì wūlóngchá.

林玲： 那 是 什么？
Nà shì shénme?

林剛： 那 是 咖啡。
Nà shì kāfēi.

林玲： 你 喝 什么？
Nǐ hē shénme?

林剛： 我 喝 咖啡。
Wǒ hē kāfēi.

第五课

15

DL 38
CD 1-38

1 代名詞

（1）人称代名詞

第一人称	我 wǒ	我们 wǒmen
第二人称	你 nǐ 您 nín	你们 nǐmen
第三人称	他 / 她 tā	他们 / 她们 tāmen

（2）指示代名詞

```
         こ        そ        あ        ど
近   这 ←――――――――→ 那 遠   哪
     zhè                nà        nǎ
```

2 「～は…である」の"是"　A"是"B「AはBだ」↔A"不是"B「AはBではない」

1. 我 是 老师。
   Wǒ shì lǎoshī.

2. 我 不 是 老师。
   Wǒ bú shì lǎoshī.

3. 他们 是 学生。
   Tāmen shì xuésheng.

4. 他们 不 是 学生。
   Tāmen bú shì xuésheng.

5. 这 是 手机。
   Zhè shì shǒujī.

6. 这 不 是 手机。
   Zhè bú shì shǒujī.

3 疑問文1 ── 疑問詞疑問文　なに"什么"・だれ"谁"　♥「どこ」は第7課

1. 这 是 什么？
   Zhè shì shénme?

2. 那 是 什么？
   Nà shì shénme?

3. 她 是 谁？
   Tā shì shéi?

4. 谁 是 医生？
   Shéi shì yīshēng?

4 主語＋動詞（述語）＋目的語　↔ 否定形"不"＋動詞

1. 我 吃 炒饭。
   Wǒ chī chǎofàn.

2. 他们 去 学校。
   Tāmen qù xuéxiào.

3. 他们 不 喝 咖啡。
   Tāmen bù hē kāfēi.

4. 你 买 什么？
   Nǐ mǎi shénme?

Lesson 練習問題

1 音声を聞いてピンインと中国語（簡体字）を書き、日本語に訳しましょう。　🎧 DL 39　◎ CD 1-39

　　　　　　ピンイン　　　　　　　　　中国語　　　　　　　　　日本語

① _____　_____　_____

② _____　_____　_____

2 日本語の意味になるように中国語を並べ替えましょう。

① 彼はウーロン茶を飲みます。

（喝　　他　　乌龙茶）。　　→ _____
　hē　　tā　　wūlóngchá

② 彼はだれですか。

（他　　谁　　是）？　　→ _____
　tā　　shéi　　shì

3 日本語にしたがって、空欄をうめましょう。

① これはコーヒーです。

（　　　　　　）（　　　　　　）咖啡。
　　　　　　　　　　　　　　　kāfēi.

② これは携帯電話ではありません。

这（　　　　　　）（　　　　　　）手机。
Zhè　　　　　　　　　　　　　　shǒujī.

4 日本語の意味になる中国語文を作りましょう。

① わたしはコーヒーを飲みます。　→ _____

② あなたは何を食べますか。　　→ _____

5 音声を聞き、日本語の意味に合う中国語を選びましょう。　🎧 DL 40　◎ CD 1-40

(1) これは何ですか。

　　①　　　　　　　②　　　　　　　③　　　　　　　④

(2) わたしはコーヒーを飲みます。

　　①　　　　　　　②　　　　　　　③　　　　　　　④

第六课
Dì liù kè

我 也 姓 林。
Wǒ yě xìng Lín.

 目標
1. 名前や身分、所属、専門を言ったり、尋ねたりできる。
2. 何をするかを言ったり、尋ねたりできる。（疑問詞、動詞を使う）

単語表 🎧 DL 41 ◉ CD 1-41

	中国語	ピンイン	🇯🇵		中国語	ピンイン	🇯🇵
本文 ▶ 1	叫	jiào [動]	(姓名，名を)~という	**ポイント** ▶ 14	英语	Yīngyǔ	[名] 英語
2	呢	ne [助]	~は(省略疑問文を作る)	15	日语	Rìyǔ	[名] 日本語
3	也	yě [副]	~もまた	16	苹果	píngguǒ	[名] りんご ♥第5課ドリル
4	姓	xìng [動]	~という姓である	17	香蕉	xiāngjiāo	[名] バナナ ♥第5課ドリル
5	中国人	Zhōngguórén [名]	中国人	18	看	kàn	[動] 見る，読む
6	吗	ma [助]	~ですか(疑問を表す)	19	电视	diànshì	[名] テレビ
7	日本人	Rìběnrén [名]	日本人	20	都	dōu	[副] すべて，いずれも
8	的	de [助]	の，連体修飾語を作る	21	蛋糕	dàngāo	[名] ケーキ
9	专业	zhuānyè [名]	専門分野，専攻	22	留学生	liúxuéshēng	[名] 留学生
10	汉语	Hànyǔ [名]	中国語	23	听	tīng	[動] 聞く，聴く
11	吧	ba [助]	~でしょう，~ですよね	24	音乐	yīnyuè	[名] 音楽
12	对	duì [形]	はい，そうです，正しい	25	大学生	dàxuéshēng	[名] 大学生
13	学习	xuéxí [動]	勉強する				

知り合ったばかりの林玲さんと林剛さんは、大学のカフェでおしゃべりをしています。

林玲： 我 叫 林 玲，你 呢？
Wǒ jiào Lín Líng, nǐ ne?

林剛： 我 也 姓 林，我 叫 林 刚。
Wǒ yě xìng Lín, wǒ jiào Lín Gāng.

林玲： 你 是 中国人 吗？
Nǐ shì Zhōngguórén ma?

林剛： 不，我 是 日本人。
Bù, wǒ shì Rìběnrén.

林玲： 你 的 专业 是 汉语 吧？
Nǐ de zhuānyè shì Hànyǔ ba?

林剛： 对，我 学习 汉语。
Duì, wǒ xuéxí Hànyǔ.

🎧 DL 43
◉ CD 1-43

1　疑問文２ ――"呢"を使った省略疑問文

1. A：我　买　苹果，你　呢？
　　　Wǒ　mǎi　píngguǒ, nǐ　ne?

　　 B：我　买　香蕉。
　　　Wǒ　mǎi　xiāngjiāo.

2. A：我　学习　英语，你　呢？
　　　Wǒ　xuéxí　Yīngyǔ, nǐ　ne?

　　 B：我　学习　日语。
　　　Wǒ　xuéxí　Rìyǔ.

2　副詞 "也" "不" "都" と文中の位置

1. 我　不　看　电视。
　 Wǒ　bú　kàn　diànshì.

2. 他　也　不　看　电视。
　 Tā　yě　bú　kàn　diànshì.

3. 他们　都　吃　蛋糕。
　 Tāmen　dōu　chī　dàngāo.

4. 我们　也　都　是　日本人。
　 Wǒmen　yě　dōu　shì　Rìběnrén.

3　疑問文３ ――"吗"

1. A：你　是　留学生　吗？
　　　Nǐ　shì　liúxuéshēng　ma?

　　 B：对，我　是　留学生。
　　　Duì,　wǒ　shì　liúxuéshēng.

2. A：你　听　音乐　吗？
　　　Nǐ　tīng　yīnyuè　ma?

　　 B：我　不　听　音乐。
　　　Wǒ　bù　tīng　yīnyuè.

3. A：他　是　老师　吗？
　　　Tā　shì　lǎoshī　ma?

　　 B：不，他　不　是　老师。
　　　Bù,　tā　bú　shì　lǎoshī.

4　疑問文４ ―― 推測を表す "吧"

1. A：你　是　大学生　吧？
　　　Nǐ　shì　dàxuéshēng　ba?

　　 B：对，我　是　大学生。
　　　Duì,　wǒ　shì　dàxuéshēng.

2. A：你　喝　咖啡　吧？
　　　Nǐ　hē　kāfēi　ba?

　　 B：不，我　不　喝　咖啡。
　　　Bù,　wǒ　bù　hē　kāfēi.

Lesson 練習問題

1 音声を聞いてピンインと中国語（簡体字）を書き、日本語に訳しましょう。 🎧 DL 44 ⊙ CD 1-44

ピンイン　　　　　　　　中国語　　　　　　　　日本語

① _____　_____　_____

② _____　_____　_____

2 日本語の意味になるように、中国語の単語を並べ替えましょう。

① わたしたちの専攻は英語ではありません。

（是　我们　英语　不　专业　的）。→ _____
shì　wǒmen　Yīngyǔ　bù　zhuānyè　de

② わたしたちもケーキを買いません。

（不　蛋糕　买　我们　也）。→ _____
bù　dàngāo　mǎi　wǒmen　yě

3 日本語にしたがって、空欄をうめましょう。

① わたしは林玲という名前ですが、あなたは。

我（　　　　　）林玲，你（　　　　　　）？
Wǒ　　　　　　　　Lín Líng, nǐ　　　　　　　?

② わたしたちもみな中国語を勉強します。

我们（　　　　　）（　　　　　　）学习　汉语。
Wǒmen　　　　　　　　　　xuéxí　Hànyǔ.

4 日本語の意味になるように、中国語文を作りましょう。

① あなたは留学生ですよね。　　→ _____

② あなたは中国語を勉強しますか。→ _____

5 音声を聞き、日本語の意味に合う中国語を選びましょう。 🎧 DL 45 ⊙ CD 1-45

(1) あなたは何という名前ですか。

①　　　　　　②　　　　　　③　　　　　　④

(2) あなたは英語を勉強しますか。

①　　　　　　②　　　　　　③　　　　　　④

第六课

你 家 在 哪儿?
Nǐ jiā zài nǎr?

1. どこに住んでいるかを言ったり、尋ねたりできる。
2. 場所や物がどうなのか、形容詞を用いて様子や状態を言い表すことができる。

単語表 🎧 DL 46 ⊙ CD 1-46

	中国語	ピンイン	🇯🇵		中国語	ピンイン	🇯🇵
本文				14	书包	shūbāo	名 かばん
1	家	jiā	名 家	15	书	shū	名 本 ♥第6課ドリル
2	在	zài	動 ~にある、~にいる ♥第10課	16	目标	mùbiāo	名 目標
3	哪儿	nǎr	代 どこ ♥哪里 nǎli とも	17	面包	miànbāo	名 パン ♥第5課ドリル
4	京都	Jīngdū	名 京都(地名)	18	米饭	mǐfàn	名 (米の)ご飯 ♥第5課ドリル
5	冷	lěng	形 寒い	19	喜欢	xǐhuan	動 好きである
6	还是	háishi	接 ~それとも…、やはり	20	猫	māo	名 猫
7	大阪	Dàbǎn	名 大阪(地名)	21	狗	gǒu	名 犬
8	夏天	xiàtiān	名 夏	22	老家	lǎojiā	名 実家, 故郷
9	热	rè	形 暑い	23	漂亮	piàoliang	形 きれいである
ポイント				24	难	nán	形 難しい
10	很	hěn	副 とても				
11	这儿	zhèr	代 ここ,そこ ♥这里 zhèli とも	25	发音	fāyīn	名 発音
12	那儿	nàr	代 あそこ,そこ ♥那里 nàli とも	26	语法	yǔfǎ	名 語法, 文法
13	姐姐	jiějie	名 姉, お姉さん				

林玲さんの実家は中国の西安です。林剛さんの家が京都だということを知った林玲さんは、いろいろと京都について知りたい様子です。

林玲： 你 家 在 哪儿？
Nǐ jiā zài nǎr?

林剛： 我 家 在 京都。
Wǒ jiā zài Jīngdū.

林玲： 京都 冷，还是 大阪 冷？
Jīngdū lěng, háishi Dàbǎn lěng?

林剛： 京都 冷，大阪 不 冷。
Jīngdū lěng, Dàbǎn bù lěng.

林玲： 京都 的 夏天 热 吗？
Jīngdū de xiàtiān rè ma?

林剛： 京都 的 夏天 很 热。
Jīngdū de xiàtiān hěn rè.

DL 48
CD 1-48

1 場所を表す代名詞 "这儿" "那儿" "哪儿" 🔖 指示代名詞・第5課

近 ←——————→ 遠		疑問
こ　　　そ　　　あ		ど
这儿、这里　　　那儿、那里 zhèr　zhèli　　　nàr　nàli		哪儿、哪里 nǎr　nǎli

2 "的" の省略 —— 人称代名詞（＋"的"）＋親族名称/所属先

1. 这　是　我　姐姐。
   Zhè　shì　wǒ　jiějie.

2. 这　是　我　的　书包。
   Zhè　shì　wǒ　de　shūbāo.

3. 这　是　我　家。
   Zhè　shì　wǒ　jiā.

4. 这　是　我　的　书。
   Zhè　shì　wǒ　de　shū.

5. 这　是　我们　学校。
   Zhè　shì　wǒmen　xuéxiào.

6. 这　是　我们　的　目标。
   Zhè　shì　wǒmen　de　mùbiāo.

3 疑問文 5 —— 選択疑問文 "A 还是 B?"

1. 你　吃　面包，还是　吃　米饭？
   Nǐ　chī　miànbāo, háishi　chī　mǐfàn?

2. 你　喜欢　猫，还是　喜欢　狗？
   Nǐ　xǐhuan　māo, háishi　xǐhuan　gǒu?

3. 你　是　日本人，还是　中国人？
   Nǐ　shì　Rìběnrén, háishi　Zhōngguórén?

4 形容詞述語文

1. A：你　老家　漂亮　吗？
      Nǐ　lǎojiā　piàoliang　ma?

   B：我　老家　很　漂亮。
      Wǒ　lǎojiā　hěn　piàoliang.

2. A：汉语　难　吗？
      Hànyǔ　nán　ma?

   B：汉语　的　发音　难，语法　不　难。
      Hànyǔ　de　fāyīn　nán, yǔfǎ　bù　nán.

Lesson 練習問題

1 音声を聞いてピンインと中国語（簡体字）を書き、日本語に訳しましょう。　🎧 DL 49　◎ CD 1-49

ピンイン　　　　　　　中国語　　　　　　日本語

① _____　　_____　　_____

② _____　　_____　　_____

2 日本語の意味になるように、中国語の単語を並べ替えましょう。

① あなたの家はどこにありますか。

（你　哪儿　家　在）? → _____
　nǐ　nǎr　jiā　zài

② 京都が寒いですか、それとも大阪が寒いですか。

（还是　冷　冷　京都　大阪）? → _____
　háishi　lěng　lěng　Jīngdū　Dàbǎn

3 日本語にしたがって、空欄をうめましょう。

① あなたは日本人ですか、それとも中国人ですか。

你（　　　　　　）日本人（　　　　　　）中国人？
Nǐ　　　　　　　　Rìběnrén　　　　　　　Zhōngguórén?

② 京都は美しい。

京都（　　　　　）（　　　　　）。
Jīngdū　　　　　　　　　　　　.

4 日本語の意味になるように、中国語文を作りましょう。

① わたしの家は京都にあります。　→ _____

② 京都の夏は暑い。　→ _____

5 音声を聞き、日本語の意味に合う中国語を選びなさい。　🎧 DL 50　◎ CD 1-50

(1) あなたたちの学校はどこにありますか。

　①　　　　　　②　　　　　　③　　　　　　④

(2) 彼は日本人ですか、それとも中国人ですか。

　①　　　　　　②　　　　　　③　　　　　　④

第七課

我 有 一 个 姐姐。
Wǒ yǒu yí ge jiějie.

1. 家族のことを紹介したり尋ねたりできる。
2. 年齢や身長、体重など数量を表現できる。

単語表
DL 51
CD 1-51

	中国語	ピンイン	🇯🇵		中国語	ピンイン	🇯🇵
本文			♥ 第10課				
1	有	yǒu 動	持っている, ある, いる	18	人	rén 名	人
2	没有	méiyǒu 動	ない（"有"の否定）	19	杂志	zázhì 名	雑誌
3	兄弟	xiōngdì 名	兄弟, 兄と弟	20	票	piào 名	きっぷ, チケット
4	姐妹	jiěmèi 名	姉妹, 姉と妹	21	桌子	zhuōzi 名	机, テーブル
5	个	ge 量	人や物を数える, ～個	22	衣服	yīfu 名	服
6	今年	jīnnián 名	今年	23	伞	sǎn 名	傘
7	多	duō 副	どのくらい	24	椅子	yǐzi 名	椅子
8	岁	suì 量	～歳	25	笔	bǐ 名	ペン
9	比	bǐ 介	～より（比較）	26	爷爷	yéye 名	祖父, おじいさん（父方）
10	大	dà 形	年上である, 大きい	27	年纪	niánjì 名	年齢
11	两	liǎng 数	2（数量を表す）	28	高	gāo 形	（背が）高い
12	那	nà 接	それでは, じゃあ	29	米	mǐ 量	メートル
13	和	hé 介	～と	30	重	zhòng 形	重い
14	一样	yíyàng 形	同じである	31	公斤	gōngjīn 量	キログラム（"斤"は500g）
ポイント				32	好	hǎo 形	よい
15	几	jǐ 代	いくつ（10くらいまで）	33	哥哥	gēge 名	兄, お兄さん
16	口	kǒu 量	～人（家族の人数）	34	没有	méiyǒu 動	～ほど…ではない
17	好吃	hǎochī 形	おいしい	35	弟弟	dìdi 名	弟
			♥ 第7課ドリル				

本文

DL 52
CD 1-52

林玲さんと林剛さんは、少しずつお互いのことが分かってきました。

林玲： 你　有　没有　兄弟　姐妹？
　　　 Nǐ　yǒu　méiyǒu　xiōngdì　jiěmèi?

林剛： 我　有　一　个　姐姐。
　　　 Wǒ　yǒu　yí　ge　jiějie.

林玲： 你　姐姐　今年　多　大？
　　　 Nǐ　jiějie　jīnnián　duō　dà?

林剛： 她　今年　二十　岁。
　　　 Tā　jīnnián　èrshí　suì.

林玲： 你　姐姐　比　我　大　两　岁。
　　　 Nǐ　jiějie　bǐ　wǒ　dà　liǎng　suì.

林剛： 那　我　和　你　一样　大。
　　　 Nà　wǒ　hé　nǐ　yíyàng　dà.

DL 53
CD 1-53

1　疑問文6 —— 反復疑問文

1. 你 是 不 是 留学生 ？
   Nǐ shì bu shì liúxuéshēng?

2. 你 吃 不 吃 蛋糕 ？
   Nǐ chī bu chī dàngāo?

3. A：汉语 难 不 难 ？
   Hànyǔ nán bu nán?

   B：汉语 不 难 。
   Hànyǔ bù nán.

2　量詞 —— 数詞＋量詞（＋名詞）／指示代名詞＋量詞（＋名詞）

1. A：你 家 有 几 口 人 ？
   Nǐ jiā yǒu jǐ kǒu rén?

   B：我 家 有 四 口 人 。
   Wǒ jiā yǒu sì kǒu rén.

2. A：这个 苹果 好吃 不 好吃 ？
   Zhège píngguǒ hǎochī bu hǎochī?

   B：这个 苹果 很 好吃 。
   Zhège píngguǒ hěn hǎochī.

● よく使う量詞一覧表

个 ge	人 rén　苹果 píngguǒ	件 jiàn	衣服 yīfu
本 běn	书 shū　杂志 zázhì	把 bǎ	伞 sǎn　椅子 yǐzi
张 zhāng	票 piào　桌子 zhuōzi	枝 zhī	笔 bǐ

3　名詞述語文　♥ 第4課

（1）年齢

1. A：你 今年 19 岁 吗 ？ B：我 今年 不 是 19 岁 ，我 今年 20 岁 。
   Nǐ jīnnián shíjiǔ suì ma? Wǒ jīnnián bú shì shíjiǔ suì, wǒ jīnnián èrshí suì.

2. A：你 今年 多 大 ？ B：我 今年 18 岁 。
   Nǐ jīnnián duō dà? Wǒ jīnnián shíbā suì.

3. A：她 今年 几 岁 ？ B：她 今年 8 岁 。
   Tā jīnnián jǐ suì? Tā jīnnián bā suì.

4. A：你 爷爷 今年 多 大 年纪 ？ B：他 今年 72 岁 。
   Nǐ yéye jīnnián duō dà niánjì? Tā jīnnián qīshi'èr suì.

（2）身長・体重

5. A：你 多 高 ？ B：我 一 米 六 二 。
   Nǐ duō gāo? Wǒ yì mǐ liù èr.

6. A：你 多 重 ？ B：我 54 公斤 。
   Nǐ duō zhòng? Wǒ wǔshisì gōngjīn.

4　比較文 —— A"比"（↔"没有"）B＋形容詞（＋差）。A"和"B"一样"＋形容詞。

1. 这个 比 那个 好 。
   Zhège bǐ nàge hǎo.

2. 哥哥 比 我 大 两 岁 。
   Gēge bǐ wǒ dà liǎng suì.

3. 我 没有 哥哥 高 。
   Wǒ méiyǒu gēge gāo.

4. 我 和 弟弟 一样 高 。
   Wǒ hé dìdi yíyàng gāo.

1 音声を聞いてピンインと中国語（簡体字）を書き、日本語に訳しましょう。　🎧 DL 54　◎ CD 1-54

	ピンイン	中国語	日本語
①	_____	_____	_____
②	_____	_____	_____

2 日本語の意味になるように、中国語の単語を並べ替えましょう。

① あなたのお兄さんはわたしと同い年です。

（我　你　哥哥　大　和　一样）。　→ _____
　wǒ　nǐ　gēge　dà　hé　yíyàng

② 兄はわたしより2歳年上です。

（两　我　我　哥哥　大　比　岁）。　→ _____
　liǎng　wǒ　wǒ　gēge　dà　bǐ　suì

3 日本語にしたがって、空欄をうめましょう。

① 中国語は難しいですか。

汉语　难（　　　　　　）难？
Hànyǔ　nán　　　　　　　nán?

② わたしは姉ほど背が高くありません。

我（　　　　　　）姐姐　高。
Wǒ　　　　　　　jiějie　gāo.

4 日本語の意味になるように、中国語文を作りましょう。

① あなたの家は何人家族ですか。　→ _____

② あなたは兄弟がいますか。（反復疑問文で）

　　　　　　　　　　　　　　　　→ _____

5 音声を聞き、日本語の意味に合う中国語を選びましょう。　🎧 DL 55　◎ CD 1-55

(1) あなたは今年いくつですか。

　　①　　　　　　　②　　　　　　　③　　　　　　　④

(2) 彼はわたしより2歳年上です。

　　①　　　　　　　②　　　　　　　③　　　　　　　④

第九课
Dì jiǔ kè

你 家 离 学 校 远 吗?
Nǐ jiā lí xuéxiào yuǎn ma?

1. 空間、時間的な距離を表現できる。
2. 動作の順序、手段、目的を表現できる。

単語表　DL 56　CD 1-56

	中国語	ピンイン		🇯🇵		中国語	ピンイン		🇯🇵
本文					**ポイント**				
1	离	lí	介	～から，～まで	16	电车	diànchē	名	電車
2	远	yuǎn	形	遠い	17	车站	chēzhàn	名	駅，バス停
3	每	měi	代	～ごとに，"每天"は毎日	18	近	jìn	形	近い
4	天	tiān	量	～日，～日間（日数）	19	图书馆	túshūguǎn	名	図書館
5	点	diǎn	量	～時（時刻）	20	教室	jiàoshì	名	教室
6	出门	chū//mén	動	出かける，出発する	21	分钟	fēnzhōng	量	～分，～分間
7	要	yào	助動	～しなければならない	22	现在	xiànzài	名	今，現在　💡第8課ドリル
			動	（時間・お金が）要る，かかる	23	分	fēn	量	～分
8	从	cóng	介	～から（起点）	24	刻	kè	量	時間の単位 "一刻" は15分
9	到	dào	介	～まで（終点）	25	半	bàn	数	半分を表す
10	长	cháng	形	長い	26	午饭	wǔfàn	名	昼食
11	时间	shíjiān	名	時間	27	～左右	~zuǒyòu		～前後
12	小时	xiǎoshí	名	時間（60分）	28	东京	Dōngjīng	名	東京（地名）
13	怎么	zěnme	代	どのように（方法を尋ねる）	29	食堂	shítáng	名	食堂
14	来	lái	動	来る	30	吃饭	chī//fàn	動	食事する，ごはんを食べる
15	坐	zuò	動	乗る，座る					

30

本文 🍀

DL 57

CD 1-57

中国の大学ではキャンパス内の学生寮に住んでいた林玲さんにとって、京都の自宅から通っているという林剛さんの話は新鮮です。

林玲：
你　家　离　学校　远　吗？
Nǐ　jiā　lí　xuéxiào　yuǎn　ma?

林刚：
很　远。我　每　天　要　七　点　出门。
Hěn　yuǎn.　Wǒ　měi　tiān　yào　qī　diǎn　chūmén.

林玲：
从　你　家　到　学校　要　多　长　时间？
Cóng　nǐ　jiā　dào　xuéxiào　yào　duō　cháng　shíjiān?

林刚：
从　我　家　到　学校　要　两　个　小时。
Cóng　wǒ　jiā　dào　xuéxiào　yào　liǎng　ge　xiǎoshí.

林玲：
你　每　天　怎么　来　学校？
Nǐ　měi　tiān　zěnme　lái　xuéxiào?

林刚：
我　每　天　坐　电车　来　学校。
Wǒ　měi　tiān　zuò　diànchē　lái　xuéxiào.

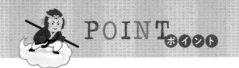

POINT ポイント

DL 58 / CD 1-58

1 介詞 "离" "从" "到"

（1）A "离" B ＋ 形容詞（AはBから〜）

1. 我 家 离 车站 很 近。
   Wǒ jiā lí chēzhàn hěn jìn.

（2）"从" A "到" B ＋ 形容詞／動詞（AからBまで〜）

2. 从 教室 到 图书馆 要 十 分钟。
   Cóng jiàoshì dào túshūguǎn yào shí fēnzhōng.

2 時刻（時点）と文中での位置

1. A：现在 几 点？
   Xiànzài jǐ diǎn?

   B：现在 八 点 五 分／八 点 一 刻／八 点 半／八 点 三 刻。
   Xiànzài bā diǎn wǔ fēn / bā diǎn yí kè / bā diǎn bàn / bā diǎn sān kè.

2. A：你 每 天 几 点 吃 午饭？
   Nǐ měi tiān jǐ diǎn chī wǔfàn?

   B：我 每 天 十二 点 左右 吃 午饭。
   Wǒ měi tiān shí'èr diǎn zuǒyòu chī wǔfàn.

3 時間の長さ（時量）と文中での位置　💚数量補語・第10課

1. A：从 大阪 到 东京 要 多 长 时间？
   Cóng Dàbǎn dào Dōngjīng yào duō cháng shíjiān?

   B：从 大阪 到 东京 要 两 个 半 小时。
   Cóng Dàbǎn dào Dōngjīng yào liǎng ge bàn xiǎoshí.

【時点と時量対照表（1）（時刻と時間）】

時点	一点　　／　　两点 yī diǎn　　liǎng diǎn	两分　／　十五分　（一刻） liǎng fēn　shíwǔ fēn　（yí kè）	三十分 sānshí fēn
時量	一个小时 ／ 两个小时 yí ge xiǎoshí　liǎng ge xiǎoshí	两分钟 ／ 十五分钟 （一刻钟） liǎng fēnzhōng shíwǔ fēnzhōng (yí kè zhōng)	三十分钟 ／ 半个小时 sānshí fēnzhōng　bàn ge xiǎoshí

4 連動文 ── 主語 ＋ 動詞1 ＋ 動詞2

（動詞1、動詞2は、一般的にその動作の行う順、或いは手段 → 目的の順に言う）

1. 我 去 食堂 吃饭。
   Wǒ qù shítáng chīfàn.
   （行う動作の順、または行われた動作の順）

2. 我 坐 电车 来 学校。
   Wǒ zuò diànchē lái xuéxiào.
   （手段、目的順）

Lesson 練習問題

1 音声を聞いてピンインと中国語（簡体字）を書き、日本語に訳しましょう。

DL 59

CD 1-59

ピンイン	中国語	日本語
① _____	_____	_____
② _____	_____	_____

2 日本語の意味になるように、中国語の単語を並べ替えましょう。

① わたしの家から学校まで一時間半かかります。

(要　从　小时　到　我　学校　家　半　一　个)。
yào　cóng　xiǎoshí　dào　wǒ　xuéxiào　jiā　bàn　yí　ge

→ _____

② わたしの家は駅から遠くありません。

(车站　我　家　远　离　不)。
chēzhàn　wǒ　jiā　yuǎn　lí　bù

→ _____

3 日本語にしたがって、空欄をうめましょう。

① あなたは毎日どうやって学校に来ますか。

你　每　天　(　　　　　) 来　学校？
Nǐ　měi　tiān　　　　　　lái　xuéxiào?

② わたしは毎日電車で学校に来ます。

我　每　天　(　　　　　)(　　　　　) 来　学校。
Wǒ　měi　tiān　　　　　　　　　　lái　xuéxiào.

4 日本語の意味になるように、中国語文を作りましょう。

① わたしは毎日7時に家を出ます。　→ _____

② わたしはご飯を食べに食堂へ行きます。

→ _____

5 音声を聞き、日本語の意味に合う中国語を選びましょう。

DL 60

CD 1-60

(1) わたしは毎日9時に学校に来ます。

①　　　　　②　　　　　③　　　　　④

(2) わたしの家から学校まで一時間半かかります。

①　　　　　②　　　　　③　　　　　④

第九课

第十课
Dì shí kè

你 在 哪儿 打工?
Nǐ zài nǎr dǎgōng?

1. いつ、どこで、何を（どれだけ）するかを表現できる。
2. どこに何がある、何がどこにあるかを表現できる。

単語表
DL 61
CD 2-01

中国語	ピンイン		🇯🇵		中国語	ピンイン		🇯🇵
本文					**ポイント**			
1 在	zài	介	～で，～に（場所を示す）	16	便利店	biànlìdiàn	名	コンビニエンスストア
2 打工	dǎ//gōng	動	アルバイトをする	17	李	Lǐ	人名	李(姓)
3 私塾	sīshú	名	塾，学習塾，予備校	18	问	wèn	動	きく，尋ねる
4 教	jiāo	動	教える	19	问题	wèntí	名	問題，質問
5 高中生	gāozhōngshēng	名	高校生	20	～号	~hào	量	～日(日付)
6 星期	xīngqī	名	「週」を表す ♥第4課	21	第～	dì~	接辞	第～(順序を示す)
7 次	cì	量	～回	22	～月	~yuè	名	～月 ♥第4課
8 星期一	xīngqīyī	名	月曜日	23	～年	~nián	量	～年，～年間
9 星期四	xīngqīsì	名	木曜日	24	银行	yínháng	名	銀行
10 附近	fùjìn	名	付近	25	留学	liú//xué	名	留学する
11 对面	duìmiàn	名	向かい	26	美国	Měiguó	名	アメリカ(国名)
12 是吗	shì ma		そうですか					♥第6課ドリル
13 想	xiǎng	助動	～したい					
14 肯定	kěndìng	副	きっと，必ず					
15 没问题	méi wèntí		問題ない，大丈夫					

34

林玲さんはアルバイトを探しています。林剛さんの話がヒントになったようです。

林玲：
你 在 哪儿 打工？
Nǐ zài nǎr dǎgōng?

林剛：
我 在 私塾 教 高中生 英语。
Wǒ zài sīshú jiāo gāozhōngshēng Yīngyǔ.

林玲：
你 一 个 星期 去 几 次？
Nǐ yí ge xīngqī qù jǐ cì?

林剛：
去 两 次，星期一 和 星期四 去。
Qù liǎng cì, xīngqīyī hé xīngqīsì qù.

林玲：
我们 学校 附近 有 私塾 吗？
Wǒmen xuéxiào fùjìn yǒu sīshú ma?

林剛：
有，学校 对面 有 一 个。
Yǒu, xuéxiào duìmiàn yǒu yí ge.

林玲：
是 吗？我 也 想 在 那里 教 英语。
Shì ma? Wǒ yě xiǎng zài nàli jiāo Yīngyǔ.

林剛：
你 的 英语 很 好，肯定 没 问题！
Nǐ de Yīngyǔ hěn hǎo, kěndìng méi wèntí!

🎧 DL 63
◎ CD 2-03

1 介詞 "在"

1. 我　在　便利店　打工。
   Wǒ　zài　biànlìdiàn　dǎgōng.

2. 我　在　便利店。
   Wǒ　zài　biànlìdiàn.

3. 她　在　图书馆　看　书。
   Tā　zài　túshūguǎn　kàn　shū.

4. 她　在　图书馆。
   Tā　zài　túshūguǎn.

2 二重目的語をとる文 ── 主語＋動詞＋目的語1（ヒト）＋目的語2（モノ・コト）

1. 李　老师　教　我们　汉语。
   Lǐ　lǎoshī　jiāo　wǒmen　Hànyǔ.

2. 我　问　老师　一　个　问题。
   Wǒ　wèn　lǎoshī　yí　ge　wèntí.

3 数量補語 ── 主語＋「いつ/期間」＋動詞＋「時間/回数」＋目的語

1. 我　一　个　星期　去　两　次　图书馆。
   Wǒ　yí　ge　xīngqī　qù　liǎng　cì　túshūguǎn.

2. 我　每　天　学习　两　个　小时　汉语。
   Wǒ　měi　tiān　xuéxí　liǎng　ge　xiǎoshí　Hànyǔ.

【時点と時量対照表（2）（日・週・月・年）】

時点	二号 èr hào	第二个星期 dì èr ge xīngqī	二月 èr yuè	第二年 dì èr nián
時量	两天 liǎng tiān	两个星期 liǎng ge xīngqī	两个月 liǎng ge yuè	两年 liǎng nián

4 所在と存在を表す表現

（1）「〜は…にある／いる」　（特定の）存在物／人＋"在"＋場所

1. 中国银行　　在　便利店　对面。
   Zhōngguóyínháng　zài　biànlìdiàn　duìmiàn.

（2）「〜に…がある／いる」　場所＋"有"＋（不特定の）存在物／人

2. 便利店　对面　有　一　个　银行。
   Biànlìdiàn　duìmiàn　yǒu　yí　ge　yínháng.

5 助動詞 ── 願望を表す "想"

1. 我　想　去　中国　留学。
   Wǒ　xiǎng　qù　Zhōngguó　liúxué.

2. 弟弟　不　想　去　美国。
   Dìdi　bù　xiǎng　qù　Měiguó.

 Lesson 練習問題

1 音声を聞いてピンインと中国語（簡体字）を書き、日本語に訳しましょう。　🎧 DL 64 　💿 CD 2-04

	ピンイン	中国語	日本語

① ＿＿＿＿＿＿＿＿　＿＿＿＿＿＿＿＿　＿＿＿＿＿＿＿＿

② ＿＿＿＿＿＿＿＿　＿＿＿＿＿＿＿＿　＿＿＿＿＿＿＿＿

2 日本語の意味になるように、中国語の単語を並べ替えましょう。

① わたしも英語を教えに行きたい。

（我　想　英语　教　去　也）。　→ ＿＿＿＿＿＿＿＿＿＿＿＿
　wǒ　xiǎng　Yīngyǔ　jiāo　qù　yě

② わたしは毎日二時間勉強します。

（我　两　每天　小时　个　学习）。→ ＿＿＿＿＿＿＿＿＿＿＿
　wǒ　liǎng　měi tiān　xiǎoshí　ge　xuéxí

3 日本語にしたがって、空欄をうめましょう。

① 彼女は図書館で本を読んでいます。

她（　　　　　　　　　　　　　）看　书。
Tā　　　　　　　　　　　　　kàn　shū.

② 中国銀行はコンビニの向かいにあります。

（　　　　　　　　　　　　　　　）便利店　对面。
　　　　　　　　　　　　　　　biànlìdiàn duìmiàn.

4 日本語の意味になるように、中国語文を作りましょう。

① 李先生はわたしたちに中国語を教えてくださいます。

　　　　　　　　　　　→ ＿＿＿＿＿＿＿＿＿＿＿＿＿＿＿

② わたしは中国に留学に行きたい。　→ ＿＿＿＿＿＿＿＿＿＿＿＿＿

5 音声を聞き、日本語の意味に合う中国語を選びましょう。　🎧 DL 65 　💿 CD 2-05

(1) あなたは一週間に何回学校へ行きますか。

　　① 　　　　　② 　　　　　③ 　　　　　④

(2) わたしも高校生に英語を教えたいと思います。

　　① 　　　　　② 　　　　　③ 　　　　　④

第十一课
Dì shíyī kè

我 昨天 买了 一 本《关西漫步》。
Wǒ zuótiān mǎile yì běn Guānxī mànbù.

1. すでにしたことについて、その結果や経験を表現できる。
2. 予定や進行中のことについて説明ができる。

単語表
🎧 DL 66
💿 CD 2-06

中国語	ピンイン	🇯🇵	中国語	ピンイン	🇯🇵
本文▶			**ポイント▶**		
1 昨天	zuótiān 名	昨日	16 水果	shuǐguǒ 名	果物
2 了	le 助	完了を表す（文末では変化の意味を含む）	17 电影	diànyǐng 名	映画
3 什么	shénme 代	どんな，何の（名詞の前においたとき）	18 做	zuò 動	する，作る
4 本	běn 量	冊（本の形をしたものを数える単位）	19 想	xiǎng 動	考える ♥第10課
5 《关西漫步》	Guānxīmànbù 名	雑誌 Kansai Walker	20 找	zhǎo 動	探す
6 完	wán 動	終わる，終える	21 懂	dǒng 動	わかる，理解する
7 还	hái 副	まだ，また	22 尝	cháng 動	味わう，味見する
8 没	méi 副	～していない（完了・実現・経験・進行を否定する）	23 菜	cài 名	料理，おかず
9 正在	zhèngzài 副	まさに～している	24 在	zài 副	～している（ところである）
10 呢	ne 助	～しているところ（持続感を表す）	25 干	gàn 動	する
11 ～过	~guo 助	～したことがある	26 打	dǎ 動	様々な動作の替わりに用いられる，"打电话"電話する
12 环球影城	Huánqiú yǐngchéng 名	ユニバーサルスタジオ	27 电话	diànhuà 名	電話
13 玩儿	wánr 動	遊ぶ	28 地方	dìfang 名	場所，ところ
14 星期天	xīngqītiān 名	日曜日	29 冲绳	Chōngshéng 名	沖縄（地名）
15 一起	yìqǐ 副	一緒に	30 北海道	Běihǎidào 名	北海道（地名）

本文

林玲さんは日ごろの勉学の息抜きに、今度の連休に遊びに行きたいと思っています。林剛さんが関西の人気スポットを紹介する雑誌を買ったという話を聞いた林玲さんは、さっそく林剛さんを探します。

林玲： 你　昨天　买了　什么　书？
Nǐ　zuótiān　mǎile　shénme　shū?

林剛： 我　昨天　买了　一　本《关西漫步》。
Wǒ　zuótiān　mǎile　yì　běn　Guānxīmànbù.

林玲： 你　看完　了　吗？我　也　想　看看。
Nǐ　kànwán　le　ma?　Wǒ　yě　xiǎng　kànkan.

林剛： 我　还　没　看完，正在　看　呢。
Wǒ　hái　méi　kànwán,　zhèngzài　kàn　ne.

林玲： 你　去过　大阪　的　环球影城　吗？
Nǐ　qùguo　Dàbǎn　de Huánqiúyǐngchéng　ma?

林剛： 没　去过，我　很　想　去　玩儿玩儿。
Méi　qùguo,　wǒ　hěn　xiǎng　qù　wánrwanr.

林玲： 我　也　没　去过，我　也　很　想　去。
Wǒ　yě　méi　qùguo,　wǒ　yě　hěn　xiǎng　qù.

林剛： 那　我们　这个　星期天　一起　去　吧。
Nà　wǒmen　zhège　xīngqītiān　yìqǐ　qù　ba.

第十一课

DL 68
CD 2-08

1 "了"1 —— 動作の完了・実現　動詞+"了"／動詞+"了"+数量詞+目的語

1. 我　昨天　吃了　一个　水果　蛋糕。
   Wǒ zuótiān chīle yí ge shuǐguǒ dàngāo.

2. 他　看了　一个　中国　电影。
   Tā kànle yí ge Zhōngguó diànyǐng.

2 結果補語　動詞+結果補語（動詞や形容詞）+"了" ↔ "没"+動詞+結果補語（動詞や形容詞）

"〜完"【〜し終える】 wán 　　　　吃完了　看完了 ←→ 没吃完　没看完
　　　　　　　　　　　　　　　　chīwánle kànwánle　méi chīwán méi kànwán

"〜好"【きちんと〜し終える】 hǎo 　做好了　想好了 ←→ 没做好　没想好
　　　　　　　　　　　　　　　　zuòhǎole xiǎnghǎole　méi zuòhǎo méi xiǎnghǎo

"〜到"【(目的に) 達する】 dào 　　买到了　找到了 ←→ 没买到　没找到
　　　　　　　　　　　　　　　　mǎidàole zhǎodàole　méi mǎidào méi zhǎodào

"〜懂"【理解する】 dǒng 　　　看懂了　听懂了 ←→ 没看懂　没听懂
　　　　　　　　　　　　　　　　kàndǒngle tīngdǒngle　méi kàndǒng méi tīngdǒng

1. 老师　的　话　我　听懂　了。
   Lǎoshī de huà wǒ tīngdǒng le.

2. 昨天　的　电影　我　没　看懂。
   Zuótiān de diànyǐng wǒ méi kàndǒng.

3 動詞の重ね型「〜してみる」

1. 你　看看　这　本　书。
   Nǐ kànkan zhè běn shū.

2. 你　尝尝　这个　菜。
   Nǐ chángchang zhège cài.

4 進行を表す"在"+動詞／"在"+動詞+"呢"／"正在"+動詞／"正在"+動詞+"呢"

1. A：你　在　干　什么　呢？
   Nǐ zài gàn shénme ne?

   B：我　在　看　电视　呢。
   Wǒ zài kàn diànshì ne.

2. 姐姐　没　在　看　书，在　打　电话　呢。
   Jiějie méi zài kàn shū, zài dǎ diànhuà ne.

5 経験　動詞+"过" ↔ "没"+動詞+"过"

1. A：你　去过　日本　的　什么　地方？
   Nǐ qùguo Rìběn de shénme dìfang?

   B：我　去过　京都　和　冲绳，　没　去过　北海道。
   Wǒ qùguo Jīngdū hé Chōngshéng, méi qùguo Běihǎidào.

Lesson 練習問題

① 音声を聞いてピンインと中国語（簡体字）を書き、日本語に訳しましょう。　🎧 DL 69　◎ CD 2-09

ピンイン　　　　　　　　中国語　　　　　　　　日本語

① _____　_____　_____

② _____　_____　_____

② 日本語の意味になるように、中国語の単語を並べ替えましょう。

① わたしは日曜日に中国映画を1本見ました。

（我　　中国电影　　了　　星期天　　一　　看　　个）。
wǒ　Zhōngguó diànyǐng　le　xīngqītiān　yí　kàn　ge

→ _____

② わたしも遊びに行ってみたいととても思います。

（去　也　玩儿　很　我　想）。→ _____
qù　yě　wánr　hěn　wǒ　xiǎng

③ 日本語にしたがって、空欄をうめましょう。

① あなたは何をしているところですか。

你（　　　　　　　　）干　什么（　　　　　　　　）?
Nǐ　　　　　　　　　　gàn　shénme　　　　　　　　?

② あの本をわたしはもう読み終わりました。

那　本　书　我　已经（　　　　　　　　）。
Nà　běn　shū　wǒ　yǐjīng　　　　　　　　.　　　　　（★已经 yǐjīng 副 すでに，もう）

④ 日本語の意味になるように、中国語文を作りましょう。

① ちょっと味見してみてください。→ _____

② 先生の話をわたしは聞いてわかりました。

→ _____

⑤ 音声を聞き、日本語の意味に合う中国語を選びましょう。　🎧 DL 70　◎ CD 2-10

(1) あなたは昨日何の本を買いましたか。

①　　　　　　　②　　　　　　　③　　　　　　　④

(2) 彼はちょうど読んでいるところで、まだ読み終わっていません。

①　　　　　　　②　　　　　　　③　　　　　　　④

第十二课
Dì shí'èr kè

你 会 游泳 吗?
Nǐ huì yóuyǒng ma?

1. 何をどれだけできるか能力のレベルを紹介できる。
2. どこで、何がどうしているのか表現できる。

単語表

DL 71
CD 2-11

本文

中国語	ピンイン	🇯🇵		中国語	ピンイン	🇯🇵
1 听说	tīng//shuō 動	聞くところによると,～だそうだ	18	能	néng 助動	～できる
2 房间	fángjiān 名	部屋	19	游	yóu 動	泳ぐ
3 ～里	~li 名	～の中 (場所を表す)	20	了	le 助	～なる,～なった(変化を表す) 💙第11課
4 贴	tiē 動	貼る	21	可以	kěyǐ 助動	できる,～してもよい
5 着	zhe 助	～ている,～てある (様子や状態の持続を表す)	22	前边儿	qiánbianr 名	前,前方
6 多	duō 形	多い	23	邮局	yóujú 名	郵便局
7 照片	zhàopiàn 名	写真	24	黑板	hēibǎn 名	黒板
8 墙	qiáng 名	壁	25	字	zì 名	字,文字
9 ～上	~shang 名	～の上(場所を表す)	26	挂	guà 動	掛ける
10 游泳	yóu//yǒng 動	泳ぐ	27	张	zhāng 量	枚 (平面を持つものを数える単位)
		名 水泳	28	地图	dìtú 名	地図
11 选手	xuǎnshǒu 名	選手	29	门	mén 名	門,ドア
12 会	huì 助動	～できる	30	关	guān 動	閉める
13 参加	cānjiā 動	参加する	31	窗户	chuānghu 名	窓
14 俱乐部	jùlèbù 名	クラブ	32	开	kāi 動	開ける,開く
		今は "社团" shètuán もよく用いられています。	33	走着去	zǒuzhe qù	歩いて行く
15 水平	shuǐpíng 名	レベル	34	天气	tiānqì 名	天気
16 怎么样	zěnmeyàng 代	どうですか(様子・状態を尋ねる)	35	一点儿	yìdiǎnr	少し,ちょっと
17 最近	zuìjìn 名	最近	36	饭	fàn 名	ご飯,食事

ポイント

本文 🍀 ⌾ DL 72 ◎ CD 2-12

林玲さんは泳げません。でも、泳げるようになりたいと思っています。林剛さんの部屋の壁に水泳選手の写真がたくさん貼ってあるといううわさを耳にした林玲さんは、林剛さんに相談してみることにしました。

林玲: 听说 你 的 房间里 贴着 很 多 照片。
Tīngshuō nǐ de fángjiānli tiēzhe hěn duō zhàopiàn.

林刚: 对，墙上 贴着 很 多 游泳 选手 的 照片。
Duì, qiángshang tiēzhe hěn duō yóuyǒng xuǎnshǒu de zhàopiàn.

林玲: 我 不 会 游泳，你 会 游泳 吗？
Wǒ bú huì yóuyǒng, nǐ huì yóuyǒng ma?

林刚: 会。我 参加了 游泳 俱乐部。
Huì. Wǒ cānjiāle yóuyǒng jùlèbù.

林玲: 你 的 游泳 水平 怎么样？
Nǐ de yóuyǒng shuǐpíng zěnmeyàng?

林刚: 我 最近 能 游 1000 米 了。
Wǒ zuìjìn néng yóu yìqiān mǐ le.

林玲: 我 能 参加 你们 的 俱乐部 吗？
Wǒ néng cānjiā nǐmen de jùlèbù ma?

林刚: 可以，俱乐部里 有 教 游泳 的 老师。
Kěyǐ, jùlèbùli yǒu jiāo yóuyǒng de lǎoshī.

第十二课

DL 73
CD 2-13

1　方位詞 ── 場所をあらわす表現　📍第7課ポイント1・第10課ポイント1、4

1. 学校　前边儿　有　一　个　邮局。
Xuéxiào qiánbianr yǒu yí ge yóujú.

2. 黑板上　写着　很　多　字。
Hēibǎnshang xiězhe hěn duō zì.

2　持続を表す助詞 "着"

（1）結果・状態の持続

1. 墙上　挂着　一　张　地图。
Qiángshang guàzhe yì zhāng dìtú.

2. 教室　的　门　关着，　窗户　开着。
Jiàoshì de mén guānzhe, chuānghu kāizhe.

（2）動作の持続

3. 我们　走着　去　吧。
Wǒmen zǒuzhe qù ba.

3　助動詞 ── 習得の "会"、可能の "能"、許可の "可以"

1. 我　会　游泳。　　　2. 我　能　游　500　米。
Wǒ huì yóuyǒng.　　　　Wǒ néng yóu wǔbǎi mǐ.

3. 我　今天　可以　去　游泳　吗？
Wǒ jīntiān kěyǐ qù yóuyǒng ma?

4　"了"2 ── 文末で変化を表す

1. 天气　冷　了。　　2. 弟弟　是　大学生　了。　　3. 好　一点儿　了。
Tiānqì lěng le.　　　Dìdi shì dàxuéshēng le.　　　Hǎo yìdiǎnr le.

5　修飾語（フレーズ）と被修飾語をつなぐ "的"

1. 这　是　我　买　的　书。
Zhè shì wǒ mǎi de shū.

2. 妈妈　做　的　饭　很　好吃。
Māma zuò de fàn hěn hǎochī.

1 音声を聞いてピンインと中国語（簡体字）を書き、日本語に訳しましょう。　　🎧 DL 74　　◎ CD 2-14

　　　　　　　ピンイン　　　　　　　　中国語　　　　　　　　日本語

① _____　　_____　　_____

② _____　　_____　　_____

2 日本語の意味になるように、中国語の単語を並べ替えましょう。

① あなたの部屋にはたくさんの写真が貼ってあるそうですね。

（的　　貼　　听说　　房间　　照片　　着　　很　　里　　多　　你）。
de　　tiē　tīngshuō　fángjiān　zhàopiàn　zhe　hěn　li　duō　nǐ

　　　　　　　　→ _____

② あなた方のスイミングクラブに入ることはできますか？

（吗　　能　　的　　我　　你们　　俱乐部　　参加　　游泳）？
ma　néng　de　wǒ　nǐmen　jùlèbù　cānjiā　yóuyǒng

　　　　　　　　→ _____

3 日本語にしたがって、空欄をうめましょう。

① わたしの弟は大学生になりました。

我　弟弟　是　大学生（　　　　　　）。
Wǒ　dìdi　shì　dàxuéshēng　　　　　.

② 黒板に字がたくさん書かれています。

黒板（　　　　　　）写着　很　多　字。
Hēibǎn　　　　　　　xiězhe　hěn　duō　zì.

4 日本語の意味になるように、中国語文を作りましょう。

① わたしの母が作るご飯はおいしい。　→ _____

② わたしはあなたたちのクラブに参加できますか。

　　　　　　　　→ _____

5 音声を聞き、日本語の意味に合う中国語を選びましょう。　　🎧 DL 75　　◎ CD 2-15

(1) 彼は最近では千メートル泳げるようになりました。

　　①　　　　　　　②　　　　　　　③　　　　　　　④

(2) クラブには水泳を教える先生がいます。

　　①　　　　　　　②　　　　　　　③　　　　　　　④

第十三课
Dì shí sān kè

我 胃口 很 大。
Wǒ wèikǒu hěn dà.

1. メニューを見て、料理や飲み物を注文できる。
2. からだの状態、調子を表現できる。

単語表　DL 76　CD 2-16

中国語	ピンイン		🇯🇵		中国語	ピンイン		🇯🇵
本文				ポイント				
1 请	qǐng	動	どうぞ~してください、~するように頼む	18 杯	bēi	量	杯（コップに入っているものを数える単位）
2 把	bǎ	介	～を	19 牛奶	niúnǎi	名	牛乳 ♥第5課ドリル
3 菜单	càidān	名	メニュー	20 放	fàng	動	置く，入れる
4 拿	ná	動	（手で）持つ	21 到	dào	動	（結果補語として）動作がある場所・時点に到達することを表す
5 过来	guòlai	動	近づいてくる，"拿过来"は持ってくる	22 冰箱	bīngxiāng	名	冷蔵庫
6 给	gěi	介	～に，～のために	23 走	zǒu	動	歩く
7 炸鸡	zhájī	名	鶏の唐揚げ	24 进	jìn	動	入る
8 红烧肉	hóngshāoròu	名	肉の醤油煮込み	25 眼睛	yǎnjing	名	目
9 让	ràng	動	～させる，～するように言う	26 真	zhēn	副	とても，本当に
10 油腻	yóunì	形	脂っこい	27 工作	gōngzuò	名	仕事
11 东西	dōngxi	名	物 ♥第10課ドリル			動	働く，仕事する
12 点	diǎn	動	注文する	28 忙	máng	形	忙しい
13 清淡	qīngdàn	形	あっさりしている	29 用	yòng	動	使う，用いる
14 这么	zhème	代	こんなに	30 电脑	diànnǎo	名	コンピューター，パソコン
15 吃不了	chībuliǎo		食べきれない	31 小说	xiǎoshuō	名	小説
16 胃口	wèikǒu	名	食欲				
17 吃得了	chīdeliǎo		食べきれる				

本文

DL 77
CD 2-17

林玲さんはお腹が空いたので林剛さんと一緒にご飯を食べることにしましたが、林剛さんは体調が悪く、きのう病院で診察を受けたばかりです。

林玲： 请 把 那 本 菜单 拿过来。
Qǐng bǎ nà běn càidān náguòlai.

林刚： 给 你 菜单。 你 想 吃 什么？
Gěi nǐ càidān. Nǐ xiǎng chī shénme?

林玲： 我 想 吃 炸鸡 和 红烧肉， 你 呢？
Wǒ xiǎng chī zhájī hé hóngshāoròu, nǐ ne?

林刚： 医生 不 让 我 吃 油腻 的 东西。
Yīshēng bú ràng wǒ chī yóunì de dōngxi.

林玲： 那 给 你 点 两 个 清淡 的 菜 吧。
Nà gěi nǐ diǎn liǎng ge qīngdàn de cài ba.

林刚： 点 这么 多， 我们 吃不了 吧。
Diǎn zhème duō, wǒmen chībuliǎo ba.

林玲： 我 胃口 很 大， 吃得了。
Wǒ wèikǒu hěn dà, chīdeliǎo.

林刚： 那 好 吧。 你 点 吧。
Nà hǎo ba. Nǐ diǎn ba.

DL 78

CD 2-18

1 介詞 "把"

1. 你 把 这个 蛋糕 放到 冰箱里。
   Nǐ bǎ zhège dàngāo fàngdào bīngxiāngli.

2. 我 还 没 把 那 本 书 看完。 ♥結果補語・第11課
   Wǒ hái méi bǎ nà běn shū kànwán.

3. 你 把 这 杯 牛奶 喝 了。
   Nǐ bǎ zhè bēi niúnǎi hē le.

2 方向補語

1. 老师 走进来 了。
   Lǎoshī zǒujìnlai le.

2. 老师 走进 教室 去 了。
   Lǎoshī zǒujìn jiàoshì qù le.

3 主述述語文

1. 他 眼睛 真 大。
   Tā yǎnjing zhēn dà.

2. 最近 爸爸 工作 很 忙。
   Zuìjìn bàba gōngzuò hěn máng.

4 使役動詞 "让"

1. 妈妈 让 我 去 中国 留学。
   Māma ràng wǒ qù Zhōngguó liúxué.

2. 哥哥 不 让 我 用 他 的 电脑。
   Gēge bú ràng wǒ yòng tā de diànnǎo.

5 可能補語 動詞+"得・不"+結果補語／方向補語

1. 我 今天 看得完 这 本 小说。
   Wǒ jīntiān kàndewán zhè běn xiǎoshuō.

2. 我 听不懂 英语。
   Wǒ tīngbudǒng Yīngyǔ.

3. 他 今天 回不来。
   Tā jīntiān huíbulái.

Lesson 練習問題

1 音声を聞いてピンインと中国語（簡体字）を書き、日本語に訳しましょう。 🎧 DL 79   ◎ CD 2-19

ピンイン	中国語	日本語

① _____ _____ _____

② _____ _____ _____

2 日本語の意味になるように、中国語の単語を並べ替えましょう。

① こんなにたくさんの料理をわたしひとりでは食べきれません。

（多　　吃不了　　一个人　　菜　　我　　这么）。
duō　　chībuliǎo　　yí ge rén　　cài　　wǒ　　zhème

　　　　　　　　　　→ _____

② 兄はわたしに兄のパソコンを使わせてくれません。

（我　　他　　哥哥　　电脑　　用　　让　　的　　不）。
wǒ　　tā　　gēge　　diànnǎo　　yòng　　ràng　　de　　bù

　　　　　　　　　　→ _____

3 日本語にしたがって、空欄をうめましょう。

① 先生は歩いて教室に入って行きました。

老师（　　　　　　　　）教室（　　　　　　　　）了。
Lǎoshī　　　　　　　　　jiàoshì　　　　　　　　　le.

② あのメニューを持って来てください。

请（　　　　　　　　）那　本　菜单　拿过来。
Qǐng　　　　　　　　　　nà　běn　càidān　náguòlai.

4 日本語の意味になるように、中国語文を作りましょう。

① わたしはよく食べます。

　→ _____

② お母さんはわたしに中国へ留学に行きなさいと言います。

　→ _____

5 音声を聞き、日本語の意味に合う中国語を選びましょう。 🎧 DL 80   ◎ CD 2-20

(1) お医者さんはわたしに脂っこいものを食べないようにと言います。

　　① 　　　　　　② 　　　　　　③ 　　　　　　④

(2) 最近わたしは勉強が忙しい。

　　① 　　　　　　② 　　　　　　③ 　　　　　　④

49

第十三課

第十四课
Dì shísì kè

你 去得 太 晚 了 吧。
Nǐ qùde tài wǎn le ba.

1. 相手の状況を見て尋ねることができる。
2. すでにしたことを、いつ、どこでしたのか説明することができる。（"是〜的"構文で）。

単語表 🎧 DL 81　💿 CD 2-21

中国語	ピンイン		日本語		中国語	ピンイン		日本語
本文								
1 好像	hǎoxiàng	副	〜のようである	19	睡	shuì	動	寝る ♥第9課 ドリル
2 有点儿	yǒudiǎnr	副	少し〜である	20	早上	zǎoshang	名	朝
3 高兴	gāoxìng	形	嬉しい	21	起不来	qǐbulái		起きられない
4 怎么了	zěnme le		どうしましたか	22	快〜了	kuài~le		もうすぐ〜である
5 因为	yīnwèi	接	なぜなら、〜なので	23	比赛	bǐsài	名	試合, コンクール, コンテスト, ゲーム
6 又	yòu	副	また	24	以后	yǐhòu	名	以後, その後
7 被	bèi	介	（〜に）…される	25	别〜（了）	bié~(le)		〜するのをやめて（禁止を表す）
8 部长	bùzhǎng	名	部長	26	再	zài	副	また（不再 búzài は, 二度と〜しない）
9 说	shuō	動	言う, 話す 悪く言う	27	明天	míngtiān	名	明日
10 得	de	助	様態補語を作る	28	一定	yídìng	副	きっと, 必ず
11 太〜了	tài~le		とても〜だ	29	准时	zhǔnshí	副	時間どおりに
12 晚	wǎn	形	（時間的に）遅い	ポイント 30	自行车	zìxíngchē	名	自転車
13 怎么	zěnme	代	なぜ, どうして	31	偷	tōu	動	盗む
14 知道	zhīdao	動	知っている, わかっている	32	早	zǎo	形	早い
15 猜	cāi	動	あてる, 推量する	33	考试	kǎo//shì	動	テストを受ける
16 经常	jīngcháng	副	よく, しょっちゅう	34	放	fàng	動	休みになる
17 迟到	chídào	動	遅刻する	35	寒假	hánjià	名	冬休み
18 啊	a	助	疑問・感嘆を表す					

本文

DL 82

CD 2-22

林剛さんは次の大会の選手に抜擢されましたが、ナーバスになっている様子です。

林玲： 你 好像 有点儿 不 高兴，怎么 了？
Nǐ hǎoxiàng yǒudiǎnr bù gāoxìng, zěnme le?

林刚： 因为 我 又 被 俱乐部 的 部长 说 了。
Yīnwèi wǒ yòu bèi jùlèbù de bùzhǎng shuō le.

林玲： 他 肯定 说 你 去得 太 晚 了 吧。
Tā kěndìng shuō nǐ qùde tài wǎn le ba.

林刚： 对。你 是 怎么 知道 的？
Duì. Nǐ shì zěnme zhīdao de?

林玲： 猜 的。你 怎么 经常 迟到 啊？
Cāi de. Nǐ zěnme jīngcháng chídào a?

林刚： 我 睡得 很 晚，早上 起不来。
Wǒ shuìde hěn wǎn, zǎoshang qǐbulái.

林玲： 快 比赛 了，你 以后 别 再 迟到 了。
Kuài bǐsài le, Nǐ yǐhòu bié zài chídào le.

林刚： 你 说得 对。我 明天 一定 准时 来。
Nǐ shuōde duì. Wǒ míngtiān yídìng zhǔnshí lái.

第十四课

POINT ポイント

🎧 DL 83

💿 CD 2-23

1　受け身

1. 我　的　蛋糕　被　弟弟　吃　了。
Wǒ　de　dàngāo　bèi　dìdi　chī　le.

2. 他　的　自行车　被　偷　了。
Tā　de　zìxíngchē　bèi　tōu　le.

2　様態補語

1. 你　今天　来得　真　早！
Nǐ　jīntiān　láide　zhēn　zǎo!

2. 他　说　汉语　说得　很　好！
Tā　shuō　Hànyǔ　shuōde　hěn　hǎo!

3　"(是)〜的"　実現済みの動作の主体・時間・場所・方式・目的などを強調

1. A：你　今天（是）几　点　来　的？　　B：我　今天（是）九　点　来　的。
Nǐ　jīntiān　(shì)　jǐ　diǎn　lái　de?　　　Wǒ　jīntiān　(shì)　jiǔ　diǎn　lái　de.

2. A：这　本　书（是）在哪儿买　的？　　B：这　本　书（是）在　中国　买　的。
Zhè　běn　shū　(shì)　zài　nǎr　mǎi　de?　　Zhè　běn　shū　(shì)　zài　Zhōngguó　mǎi　de.

3. A：你（是）怎么　来　的　学校？　　B：我（是）坐　电车　来　的　学校。
Nǐ　(shì)　zěnme　lái　de　xuéxiào?　　Wǒ　(shì)　zuò　diànchē　lái　de　xuéxiào.

4　近接未来表現 ── 少し時間が経過すれば実現すること

1. 快　考试　了。
Kuài　kǎoshì　le.

2. 快　放　寒假　了。
Kuài　fàng　hánjià　le.

5　「また〜」を表す副詞 ── "又""再"

1. 他　昨天　又　去　环球影城　了。
Tā　zuótiān　yòu　qù　Huánqiúyǐngchéng　le.

2. 他　想　明天　再　去　一　次　环球影城。
Tā　xiǎng　míngtiān　zài　qù　yí　cì　Huánqiúyǐngchéng.

1 音声を聞いてピンインと中国語（簡体字）を書き、日本語に訳しましょう。　🎧 DL 84　◎ CD 2-24

　　　　　　　　ピンイン　　　　　　　　中国語　　　　　　　日本語

① ＿＿＿＿＿＿＿＿＿　＿＿＿＿＿＿＿＿＿　＿＿＿＿＿＿＿＿＿

② ＿＿＿＿＿＿＿＿＿　＿＿＿＿＿＿＿＿＿　＿＿＿＿＿＿＿＿＿

2 日本語の意味になるように、中国語の単語を並べ替えましょう。

① わたしのケーキは弟に食べられました。

（我　　吃　　弟弟　　蛋糕　　了　　被　　的）。
　wǒ　chī　dìdi　dàngāo　le　bèi　de

　　　　　　　→ ＿＿＿＿＿＿＿＿＿＿＿＿＿＿＿＿＿＿＿

② 彼は中国語を話すのがとても上手です。

（得　　很　　他　　好　　汉语　　说　　说）。
　de　hěn　tā　hǎo　Hànyǔ　shuō　shuō

　　　　　　　→ ＿＿＿＿＿＿＿＿＿＿＿＿＿＿＿＿＿＿＿

3 日本語にしたがって、空欄をうめましょう。

① 彼はきっとあなたが行くのが遅すぎだと怒ったのでしょう。

他　肯定　说　你　去（　　　　　　）太　晚　了　吧。
Tā　kěndìng shuō　nǐ　qù　　　　　　　　tài　wǎn　le　ba.

② もうすぐ休みです。

快　放　假（　　　　　　　）．
Kuài fàng　jià

4 日本語の意味になるように、中国語文を作りましょう。

① あなたは少し機嫌が悪いようですが、どうしましたか。

　→ ＿＿＿＿＿＿＿＿＿＿＿＿＿＿＿＿＿＿＿＿＿

② あなたはどうやって知ったのですか。

　→ ＿＿＿＿＿＿＿＿＿＿＿＿＿＿＿＿＿＿＿＿＿

5 音声を聞き、日本語の意味に合う中国語を選びましょう。　🎧 DL 85　◎ CD 2-25

(1) わたしはまたクラブの部長に叱られました。

　　①　　　　　　　②　　　　　　　③　　　　　　　④

(2) あなたは今後二度と遅刻してはいけません。

　　①　　　　　　　②　　　　　　　③　　　　　　　④

見出し	ピンイン	品詞	意味	出典
高中生	gāozhōngshēng	名	高校生	10課
告诉	gàosu	動	伝える，話す	10課ドリル
个	ge	量	人や物を数える，~個	8課
哥哥	gēge	名	兄，お兄さん	8課ポイント
个子	gèzi	名	背丈，体格	8課ドリル
给	gěi	介	~に，~のために	13課
公斤	gōngjīn	量	キログラム（"斤"は500g）	8課ポイント
工作	gōngzuò	名	仕事	13課ポイント
		動	働く，仕事する	13課ポイント
狗	gǒu	名	犬	7課ポイント
鼓励	gǔlì	動	励ます	14課ドリル
挂	guà	動	掛ける	12課ポイント
关	guān	動	閉める	12課ポイント
关西漫步	Guānxī mànbù	名	雑誌 *Kansai walker*	11課
~过	~guo	助	~したことがある	11課
过来	guòlai	動	近づいて来る	13課

H

见出し	ピンイン	品詞	意味	出典
还	hái	副	まだ，また	11課
还是	háishi	接	~それとも…，やはり	7課
还有	háiyǒu	接	さらに，その上	13課ドリル
韩国电视剧	Hánguó diànshìjù	名	韓国ドラマ	11課ドリル
韩国（人）	Hánguó(rén)	名	韓国（人）	6課ドリル
寒假	hánjià	名	冬休み	14課ポイント
汉语	Hànyǔ	名	中国語	6課
好	hǎo	形	よい	8課ポイント
好吃	hǎochī	形	おいしい	7課ドリル、8課ポイント
好喝	hǎohē	形	おいしい（飲み物）	7課ドリル
好看	hǎokàn	形	（見て）きれいだ	12課ドリル
好听	hǎotīng	形	（聞いて）きれいだ	12課ドリル
好像	hǎoxiàng	副	~のようである	14課
~号	~hào	量	~日（日付）	10課ポイント
喝	hē	動	飲む	5課
喝酒	hē jiǔ		お酒を飲む	13課ドリル
和	hé	介	~と	8課
黑板	hēibǎn	名	黒板	12課ポイント
很	hěn	副	とても	7課
红茶	hóngchá	名	紅茶	5課ドリル
红烧肉	hóngshāoròu	名	肉の醤油煮込み	13課
环球影城	Huánqiúyǐngchéng	名	ユニバーサルスタジオ	11課
会	huì	助動	~できる	12課
回家	huí jiā		家に帰る	9課ドリル

J

见出し	ピンイン	品詞	意味	出典
几	jǐ	代	いくつ（10くらいまで）	8課ポイント
家	jiā	名	家	7課
酱汤	jiàngtāng	名	味噌汁	5課ドリル
教	jiāo	動	教える	10課
叫	jiào	動	（姓名・名を）~という	6課
教室	jiàoshì	名	教室	9課ポイント
姐姐	jiějie	名	姉，お姉さん	7課ポイント
姐妹	jiěmèi	名	姉妹，姉と妹	8課
介绍	jièshào	動	紹介する	10課ドリル

见出し	ピンイン	品詞	意味	出典
近	jìn	形	近い	9課ポイント
进	jìn	動	入る	13課ポイント
经常	jīngcháng	副	よく，しょっちゅう	14課
京都	Jīngdū	名	京都（地名）	7課
经济	jīngjì	名	経済	6課ドリル
今年	jīnnián	名	今年	8課
紧张	jǐnzhāng	形	緊張している	14課ドリル
金字塔	Jīnzìtǎ	名	ピラミッド	11課ドリル
俱乐部	jùlèbù	名	クラブ	12課

K

咖啡	kāfēi	名	コーヒー	5課
开	kāi	動	開ける，開く	12課ポイント
开汽车（开车）	kāi qìchē(kāi chē)		車を運転する	9課ドリル
开始	kāishǐ	動	始める，始まる，~し始める	13課
看	kàn	動	見る、読む	6課ポイント
考试	kǎo//shì	動	テストを受ける	14課ポイント
咳嗽	késou	動	咳が出る	13課ドリル
可以	kěyǐ	助動	できる，~してもよい	12課
刻	kè	量	時間の単位	9課ポイント
课本	kèběn	名	教科書	6課ドリル
肯定	kěndìng	副	きっと	10課
口	kǒu	量	~人（家族の人数）	8課ポイント
快~了	kuài~le		もうすぐ~である	14課
矿泉水	kuàngquánshuǐ	名	ミネラルウォーター	5課ドリル

L

见出し	ピンイン	品詞	意味	出典
来	lái	動	来る	9課
老家	lǎojiā	名	実家，故郷	7課ポイント
老师	lǎoshī	名	（学校の）先生	5課ポイント
了	le	助	完了を表す（文末では変化の意味を含む）	11課
		助	~になる，~になった（変化を表す）	12課
冷	lěng	形	寒い	7課
离	lí	介	~から，~まで	9課
李	Lǐ	人名	李（姓）	10課ポイント
~里	~li	名	~の中	12課
练习	liànxí	動	練習する	12課ドリル
凉快	liángkuai	形	涼しい	7課ドリル
两	liǎng	数	2（数量を表す）	8課
聊天儿	liáotiānr	動	おしゃべりする	12課ドリル
里边	lǐbian	名	中	13課ドリル
历史	lìshǐ	名	歴史	6課ドリル
留学	liú//xué	動	留学する	10課ポイント
留学生	liúxuéshēng	名	留学生	6課ポイント
礼物	lǐwù	名	プレゼント，お土産	10課ドリル
罗马斗兽场	Luómǎ dòushòuchǎng	名	コロッセオ	11課ドリル
旅行指南	lǚxíngzhǐnán		旅行ガイドブック	11課ドリル
旅游	lǚyóu	名動	旅行，旅行する	10課ドリル

M

见出し	ピンイン	品詞	意味	出典
吗	ma	助	~ですか（疑問を表す）	6課
买	mǎi	動	買う	5課ポイント
买东西	mǎi dōngxi		買い物をする	10課ドリル

卖票	mài piào		チケットを売る	11課ドリル
忙	máng	形	忙しい	13課ポイント
猫	māo	名	猫	7課ポイント
没	méi	副	～していない	11課
没有	méiyǒu	動	ない（"有"の否定）	8課
		動	～ほど…でない	8課ポイント
没问题	méi wèntí		問題ない、大丈夫だ	10課
每	měi	代	～ごとに（"每天"は毎日）	9課
美国	Měiguó	名	アメリカ（国名）	6課ドリル、10課ポイント
美国小说	Měiguó xiǎoshuō	名	アメリカの小説	11課ドリル
美国（人）	Měiguó(rén)	名	アメリカ（人）	6課ドリル
妹妹	mèimei	名	妹	8課ドリル
门	mén	名	門，ドア	12課ポイント
米	mǐ	量	メートル	8課ポイント
面包	miànbāo	名	パン　5課ドリル、7課ポイント
米饭	mǐfàn	名	（米の）ご飯　5課ドリル、7課ポイント
明白	míngbai	形	はっきりしている	12課ドリル
明天	míngtiān	名	明日	14課
明年	míngnián	名	来年	11課ドリル
目标	mùbiāo	名	目標	7課ポイント

N

拿	ná	動	（手で）持つ	13課
哪	nǎ	代	どれ	5課ポイント
那	nà	代	あれ，それ	5課
		接	それでは、じゃあ	8課
难	nán	形	難しい	7課ポイント
哪里	nǎli	代	どこ	7課ポイント
哪儿	nǎr	代	どこ	7課
那里	nàli	代	あそこ，そこ	7課ポイント
那儿	nàr	代	あそこ，そこ	7課ポイント
呢	ne	助	～は（省略疑問文を作る）	6課
		助	～しているところ（持続感を表す）	11課
能	néng	助動	～できる	12課
你	nǐ	代	あなた	5課
你们	nǐmen	代	あなたたち，あなたがた	5課ポイント
年	nián	量	～年，～年間	10課ポイント
年纪	niánjì	名	年齢	8課ポイント
您	nín	代	あなた（敬語）	5課ポイント
牛奶	niúnǎi	名	牛乳　5課ドリル、13課ポイント
暖和	nuǎnhuo	形	暖かい	7課ドリル

P

旁边	pángbiān	名	そば	10課ドリル
胖	pàng	形	太っている	8課ドリル
批评	pīpíng	動	叱る	14課ドリル
票	piào	名	きっぷ，チケット	8課ポイント
漂亮	piàoliang	形	きれいである	7課ポイント
苹果	píngguǒ	名	りんご　5課ドリル、6課ポイント

Q

骑自行车（骑车）	qí zìxíngchē(qí chē)	自転車に乗る	9課ドリル
起不来	qǐbulái	起きられない	14課

起床	qǐ//chuáng	動	起きる	9課ドリル
前边儿	qiánbianr	名	前，前方	12課ポイント
墙	qiáng	名	壁	12課
清楚	qīngchu	形	はっきりしている	14課ドリル
清淡	qīngdàn	形	あっさりしている	13課
请	qǐng	動	どうぞ～してください，～するように頼む	13課
秋天	qiūtiān	名	秋	7課ドリル
去	qù	動	行く	5課ポイント
去年	qùnián	名	去年	11課ドリル

R

让	ràng	動	～させる，～するように言う	13課
热	rè	形	暑い	7課
热闹	rènao	形	にぎやかである	7課ドリル
热情	rèqíng	形	親切である	7課ドリル
人	rén	名	人	8課ポイント
日本人	Rìběnrén	名	日本人	6課
日语	Rìyǔ	名	日本語	6課

S

伞	sǎn	名	傘	8課ポイント
～上	~shang	名	～の上（場所を表す）	12課
商店	shāngdiàn	名	店，商店	10課ドリル
谁	shéi	代	だれ，どなた	5課ポイント
什么	shénme	代	何	5課
		代	どんな，何の（名詞の前においたとき）	11課
社团	shètuán	名	クラブ	12課ドリル
时候	shíhou	名	時	14課ドリル
时间	shíjiān	名	時間	9課
食堂	shítáng	名	食堂	9課ポイント
是	shì	動	～は…である	5課
是吗	shì ma		そうですか	10課
手机	shǒujī	名	携帯電話	5課ポイント
瘦	shòu	形	やせている	8課ドリル
书	shū	名	本　6課ドリル、7課ポイント
书包	shūbāo	名	かばん	7課ポイント
暑假	shǔjià	名	夏休み	14課ドリル
水	shuǐ	名	水	5課ドリル
水果	shuǐguǒ	名	果物	11課ポイント
水平	shuǐpíng	名	レベル	12課
睡	shuì	動	寝る	9課ドリル、14課
睡觉	shuì//jiào		寝る	9課ドリル
说	shuō	動	言う，話す，悪く言う	14課
私塾	sīshú	名	塾，学習塾，予備校	10課
送／给／送给	sòng/gěi/sònggěi		贈る，与える	10課ドリル
酸奶	suānnǎi	名	ヨーグルト	5課ドリル
岁	suì	量	～歳	8課

T

他	tā	代	彼	5課ポイント
她	tā	代	彼女	5課ポイント
他们	tāmen	代	彼ら	5課ポイント
她们	tāmen	代	彼女ら	5課ポイント

太~了	tài~le		とても~だ。	14課
台湾（人）	Táiwān(rén)	名	台湾（人）	6課ドリル
汤	tāng	名	スープ	13課ドリル
天	tiān	量	～日、～日間（日数）9課
天气	tiānqì	名	天気	12課ポイント
甜点	tiándiǎn	名	デザート	13課ドリル
贴	tiē	動	貼る	12課
听	tīng	動	聞く、聴く	6課ポイント
听说	tīng//shuō	動	聞くところによると、～だそうだ 12課
偷	tōu	動	盗む	14課ポイント
图书馆	túshūguǎn	名	図書館	9課ポイント

W

外边	wàibian	外		13課ドリル
完	wán	動	終わる、終える	11課
晚	wǎn	形	（時間的に）遅い	14課
晚饭	wǎnfàn	名	夕食、晩ごはん	9課ドリル
玩儿	wánr	動	遊ぶ	11課
胃口	wèikǒu	名	食欲	13課
文化	wénhuà	名	文化	6課ドリル
问	wèn	動	きく、尋ねる	10課ポイント
问题	wèntí	名	問題、質問	10課ポイント
我	wǒ	代	わたし	5課
我们	wǒmen	代	わたしたち	5課ポイント
乌龙茶	wūlóngchá	名	ウーロン茶	5課
午饭	wǔfàn	名	昼食	9課ポイント

X

夏天	xiàtiān	名	夏	7課
现在	xiànzài	名	今、現在	8課ドリル、9課ポイント
香蕉	xiāngjiāo	名	バナナ　5課ドリル、6課ポイント
想	xiǎng	助動	～したい	10課
		動	考える	11課ポイント
小	xiǎo	形	年下である、小さい8課ドリル
小时	xiǎoshí	名	時間（60分）	9課
小说	xiǎoshuō	名	小説	13課ポイント
写字	xiě zì		字を書く	14課ドリル
喜欢	xǐhuan	動	好きである	7課ポイント
星期	xīngqī	名	「週」を表す	4、10課
星期四	xīngqīsì	名	木曜日	10課
星期天	xīngqītiān	名	日曜日	11課
星期一	xīngqīyī	名	月曜日	10課
姓	xìng	動	～という姓である	6課
兄弟	xiōngdì	名	兄弟、兄と弟	8課
休息	xiūxi	動	休む	14課ドリル
选手	xuǎnshǒu	名	選手	12課
学生	xuésheng	名	学生	5課ポイント
学习	xuéxí	動	勉強する	6課
学校	xuéxiào	名	学校	5課ポイント

Y

眼睛	yǎnjing	名	目	13課ポイント
要	yào	動	（時間・お金が）要る、かかる　9課

		助動	～しなければならない9課
		助動	～したい	11課ドリル
爷爷	yéye	名	祖父、おじいさん（父方）8課ポイント
也	yě	副	～もまた	6課
衣服	yīfu	名	服	8課ポイント
医生	yīshēng	名	医者	5課ポイント
医院	yīyuàn	名	病院	10課ドリル
以后	yǐhòu	名	以後、その後	14課
已经	yǐjīng	副	すでに、もう	11課練習問題
以前	yǐqián	名	以前	12課ドリル
椅子	yǐzi	名	椅子	8課ポイント
一定	yídìng	副	きっと、必ず	14課
一样	yíyàng	形	同じである	8課
一点儿	yìdiǎnr		少し、ちょっと	12課ポイント
一起	yìqǐ	副	一緒に	11課
银行	yínháng	名	銀行	10課ポイント
因为	yīnwèi	接	なぜなら、～なので	14課
音乐	yīnyuè	名	音楽	6課ポイント
饮料	yǐnliào	名	飲み物	13課ドリル
英语	Yīngyǔ	名	英語	6課
用	yòng	介	～で	12課ドリル
		動	使う、用いる	13課ポイント
游	yóu	動	泳ぐ	12課
有	yǒu	動	持っている。ある、いる 8課、10課
又	yòu	副	また	14課
有点儿	yǒudiǎnr	副	少し～である　13課ドリル、14課
邮局	yóujú	名	郵便局	12課ポイント
油腻	yóunì	形	脂っこい	13課
游泳	yóu//yǒng	動	泳ぐ	12課
		名	水泳	12課
游泳池	yóuyǒngchí	名	プール	12課ドリル
右边	yòubian	名	右側	10課ドリル
语法	yǔfǎ	名	語法、文法	7課ポイント
远	yuǎn	形	遠い	9課
～月	~yuè	名	～月	10課ポイント

Z

杂志	zázhì	名	雑誌	8課ポイント
在	zài	介	～で、～に（場所）	10課
		動	～にある、～にいる 7課、10課
		副	～している（ところである）11課ポイント
再	zài	副	また。不再 búzài は、二度と～しない 14課
早	zǎo	形	早い	14課ポイント
早饭	zǎofàn	名	朝食、朝ごはん	9課ドリル
早上	zǎoshang	名	朝	14課
怎么	zěnme	代	どのように	9課
		代	なぜ	14課
怎么了	zěnme le		どうしましたか	14課
怎么样	zěnmeyàng	代	どうですか（様子・状態を尋ねる）12課
炸鸡	zhájī	名	鶏の唐揚げ	13課
张	zhāng	量	枚（平面を持つものを数える単位）12課ポイント
找	zhǎo	動	探す	11課ポイント
找钱包	zhǎo qiánbāo		財布を探す	11課ドリル

照片	zhàopiàn	名	写真	12課
这	zhè	代	これ，それ	5課
着	zhe	助	～ている，～てある（様子や状態の持続を表す）	12課
这么	zhème	代	こんなに	13課
真	zhēn	副	とても，本当に	13課ポイント
正在	zhèngzài	副	まさに～している	11課
这儿	zhèr	代	ここ，そこ	7課ポイント
知道	zhīdao	動	知っている，わかっている	14課
重	zhòng	形	重い	8課ポイント
中国人	Zhōngguórén	名	中国人	6課
专业	zhuānyè	名	専門分野，専攻	6課
主菜	zhǔcài	名	メインディッシュ	13課ドリル
准时	zhǔnshí	副	時間どおりに	14課
桌子	zhuōzi	名	机，テーブル	8課ポイント
字	zì	名	字，文字	12課ポイント
自行车	zìxíngchē	名	自転車	14課ポイント
走	zǒu	動	歩く	13課ポイント
走着去	zǒuzhe qù		歩いて行く	12課ポイント
最近	zuìjìn	名	最近	12課
昨天	zuótiān	名	昨日	11課
左边	zuǒbian	名	左側	10課ドリル
～左右	~zuǒyòu		～前後	9課ポイント
坐	zuò	動	乗る，座る	9課
做	zuò	動	する，作る	11課ポイント
坐公交车（坐车）zuò gōngjiāochē(zuò chē)			バスに乗る	9課ドリル

月　　日　　学籍番号　　　　　　　名前

1 次の中国語の正しいピンイン表記を選びましょう。

1. 炒饭　① shǎofàn　② chǎofàn　③ shāofàng　④ chāofàng
2. 老师　① rǎoshī　② láoxī　③ rǎoxī　④ lǎoshī
3. 什么　① shénme　② xínma　③ xíngma　④ shēngme
4. 咖啡　① cāhēi　② kāfēi　③ cāfēi　④ kāhēi

2 次の単語を発音して覚えましょう。　DL 86　CD 2-26

水 shuǐ 名水　　　　　　香蕉 xiāngjiāo 名バナナ
红茶 hóngchá 名紅茶　　酸奶 suānnǎi 名ヨーグルト
面包 miànbāo 名パン　　酱汤 jiàngtāng 名味噌汁
米饭 mǐfàn 名（米の）ご飯　牛奶 niúnǎi 名牛乳
苹果 píngguǒ 名りんご　矿泉水 kuàngquánshuǐ 名ミネラルウォーター

3 音声を聞いて単語の意味として、正しいものを選びましょう。　DL 87　CD 2-27

1. ① 紅茶　② ウーロン茶　③ コーヒー
2. ① ご飯　② パン　③ りんご
3. ① バナナ　② 味噌汁　③ ヨーグルト
4. ① 飲む　② 食べる　③ 買う

4 音声を聞いて、空欄をうめ、さらに日本語に訳しましょう。　DL 88　CD 2-28

1. 你 吃（　　　　）?　→ _____
Nǐ chī　　　　?

2. 她（　　　　）红茶。→ _____
Tā　　　　hóngchá.

3. 我（　　　　）面包。→ _____
Wǒ　　　　miànbāo.

4. 她（　　　）（　　　）?　→ _____
Tā　　　　　　?

5 イラストに描かれている場面を、第5課の本文、ポイント、練習問題、ドリルで学んだ語句を用いて説明しましょう。

1

2

3

6 本文、ポイント、練習問題、ドリルで学習した語句を用い、各Stepの説明をヒントに、言ってみましょう。

テーマ：食事

1. 自分が何を食べるかを言い、隣の人に何を食べるか尋ねましょう。

Step.1 我　吃 ＿＿＿＿＿＿＿＿ 。（食べ物）
　　　　Wǒ　chī 　　　　　　　 .

Step.2 你　吃　什么？
　　　　Nǐ　chī　shénme?

2. 自分が何を飲むかを言い、隣の人に何を飲むかを尋ねましょう。

Step.1 我　喝 ＿＿＿＿＿＿＿＿ 。（飲み物）
　　　　Wǒ　hē 　　　　　　　 .

Step.2 你　喝　什么？
　　　　Nǐ　hē　shénme?

月　　　日　　学籍番号　　　　　　　　　名前

1 次の中国語の正しいピンイン表記を選びましょう。

1. 学习　　① xiéxí　　　② xuéxí　　　③ xiésí　　　④ xuésí

2. 英语　　① Yīnyǐ　　　② Yīnyǔ　　　③ Yīngyǔ　　　④ Yūngyǔ

3. 中国　　① Zhūngóu　　② Zhōngguó　③ Chūngóu　　④ Chōngguó

4. 专业　　① cuānyè　　② zuānyè　　③ chuànyē　　④ zhuānyè

2 次の単語を発音して覚えましょう。

DL 89
CD 2-29

台湾（人）Táiwān(rén) 名 台湾（人）　　课本 kèběn 名 教科書

韩国（人）Hánguó(rén) 名 韓国（人）　　经济 jīngjì 名 経済

美国（人）Měiguó(rén) 名 アメリカ（人）　历史 lìshǐ 名 歴史

书 shū 名 本　　　　　　　　　　　　文化 wénhuà 名 文化

3 音声を聞いて意味として正しいものを選びましょう。

DL 90
CD 2-30

1. ① 日本　　　② アメリカ　　　③ 中国　　　　④ 韓国

2. ① 書く　　　② 勉強する　　　③ 見る　　　　④ 聞く

3. ① 専攻　　　② 教科書　　　　③ 宿題　　　　④ 音楽

4. ① 誰ですか。　② 何を見ますか。　③ 何という名前ですか。　④ 何という苗字ですか。

4 音声を聞いて、空欄をうめ、さらに日本語に訳しましょう。

DL 91
CD 2-31

1. 我　是（　　　　　）。　→ _____
　　Wǒ　shì　　　　　　　　.

2. 她　是（　　　　）吗？→ _____
　　Tā　shì　　　　　　ma?

3. 我　的（　　　）是（　　　　）。→ _____
　　Wǒ　de　　　　　shì　　　　　.

4. 她（　　　　）（　　　　　）。→ _____
　　Tā　　　　　　　　　　.

5 イラストに描かれている場面を、第6課の本文、ポイント、練習問題、ドリルで学んだ語句を用いて説明しましょう。

1

2

6 本文、ポイント、練習問題、ドリルで学習した語句を用い、各 Step の説明をヒントに、言ってみましょう。

テーマ：自己紹介1（名前、学校、専門など）

　　　自己紹介をしたあと、となりの人に名前と勉強していることが何なのかを聞きましょう。

Step. 1 我　叫 ＿＿＿＿＿＿＿＿＿＿＿＿＿ 。（姓名）
　　　　 Wǒ　jiào 　　　　　　　　　　　　　　 .

Step. 2 我　是 ＿＿＿＿＿＿＿＿＿＿＿＿＿ 大学　的　学生。（学校名、所属先）
　　　　 Wǒ　shì 　　　　　　　　　　　 dàxué　de　xuésheng.

Step. 3 我　学习 ＿＿＿＿＿＿＿＿＿＿＿＿ 。（学校で学んでいること、専攻のこと）
　　　　 Wǒ　xuéxí 　　　　　　　　　　　　 .

Step. 4 你　叫　什么　名字？　你　学习　什么？
　　　　 Nǐ　jiào　shénme　míngzi?　Nǐ　xuéxí　shénme?

月　　　日　　学籍番号　　　　　　　　名前

1 次の中国語の正しいピンイン表記を選びましょう。

1. 冷　　　① rǒng　　　　② rěng　　　　③ lǒng　　　　④ lěng

2. 夏天　　① xiàtiān　　② xiàdiān　　③ shàtiān　　④ shàdīng

3. 目标　　① mòupiāo　② mùpiāo　　③ mùbiāo　　④ mòubiāo

4. 漂亮　　① piàolian　② piàoliang　③ biàolian　④ biàoliang

2 次の単語を発音して覚えましょう。　　　　　　　　　　　　　DL 92 / CD 2-32

春天 chūntiān 名春　　　　　　好吃 hǎochī 形おいしい（食べ物）

冬天 dōngtiān 名冬　　　　　　好喝 hǎohē 形おいしい（飲み物）

秋天 qiūtiān 名秋　　　　　　热闹 rènao 形にぎやかである

暖和 nuǎnhuo 形暖かい　　　　热情 rèqíng 形親切である

凉快 liángkuai 形涼しい　　　　冰淇淋 bīngqílín 名アイスクリーム

3 音声を聞いて意味として正しいものを選びましょう。　　　　　DL 93 / CD 2-33

1. ① 春　　　　　② 夏　　　　　③ 秋　　　　　④ 冬

2. ① 暑い　　　　② 寒い　　　　③ 暖かい　　　④ 涼しい

3. ① きれい　　　② 親切である　③ おいしい　　④ にぎやかである

4. ① 目標　　　　② ふるさと　　③ かばん　　　④ 学校

4 音声を聞いて、空欄をうめ、さらに日本語に訳しましょう。　　DL 94 / CD 2-34

1. 你　家（　　　　　　）哪儿 ? → _____
　　Nǐ　jiā　　　　　　　　　nǎr?

2. 大阪　的　夏天（　　　　　）,（　　　　　）京都　的　夏天（　　　　　）?
　　Dàbǎn　de　xiàtiān　　　　　　　　　Jīngdū　de　xiàtiān　　　　　?

　　→ _____

3. 这儿　的　冰淇淋（　　　　）（　　　　　）。 → _____
　　Zhèr　de　bīngqílín　　　　　　　　　.

4. 我　姐姐（　　　　）（　　　　　）。　→ _____
　　Wǒ　jiějie　　　　　　　　　　.

5 イラストに描かれている内容を、第 7 課の本文、ポイント、練習問題、ドリルで学んだ語句を用いて説明しましょう。

1

2

6 本文、ポイント、練習問題、ドリルで学習した語句を用い、各 Step の説明をヒントに、家や故郷（実家）がどこにあるか、さらに特徴と名物料理や食べ物を紹介しましょう。

テーマ：自己紹介 2（わたしの地元）

Step. 1 我 家 / 老家 在 _____ 。（出身地、実家）
　　　　 Wǒ jiā / lǎojiā zài 　　　　　　　　.

Step. 2 _____ 很 / 不 _____ 。（Step. 1 の様子や状況）
　　　　　　　　　　　　 hěn / bù 　　　　　　　　.

Step. 3 那儿 的 _____ 很 好吃 / 好喝。（名物料理の紹介）
　　　　 Nàr de 　　　　　　 hěn hǎochī / hǎohē.

Step. 4 你 家 / 老家 在 哪儿？
　　　　 Nǐ jiā / lǎojiā zài nǎr?

月　　日　　学籍番号　　　　　　　名前

1 次の中国語の正しいピンイン表記を選びましょう。

1. 今年　　① jīnnián　　② qínnián　　③ jīngniáng　　④ qīngniáng

2. 二十　　① èrxú　　② èxí　　③ èrshí　　④ èsí

3. 兄弟　　① qiōngtì　　② qiūdì　　③ xiōngdì　　④ xiūtì

4. 一样　　① yìyàn　　② yíyàn　　③ yìyàng　　④ yíyàng

2 次の単語を発音して覚えましょう。　　DL 95　CD 2-35

妹妹 mèimei 名妹　　　　　　小 xiǎo 形年下である，小さい

没有 méiyǒu 動持っていない，ない　　个子 gèzi 名背丈，体格

班 bān 名クラス　　　　　　矮 ǎi 形背が低い

多少 duōshao 代どのくらい（数・量を尋ねる）　　瘦 shòu 形やせている

现在 xiànzài 名今，現在　　　　胖 pàng 形太っている

3 音声を聞いて意味として正しいものを選びましょう。　　DL 96　CD 2-36

1. ① お父さん　　② お母さん　　③ お兄さん　　④ お姉さん

2. ① 19才　　② 20才　　③ 21才　　④ 22才

3. ① 同じ　　② 大きい　　③ 小さい　　④ ひとり

4. ① お兄さん　　② お姉さん　　③ 弟　　④ 妹

DL 97　CD 2-37

4 音声を聞いて、空欄をうめ、さらに日本語に訳しましょう。

1. 你们 班 有（　　　　）学生？ → ＿＿＿＿＿＿＿＿＿＿
　 Nǐmen bān yǒu　　　　　xuésheng?

2. 我（　　　　）兄弟 姐妹。　→ ＿＿＿＿＿＿＿＿＿＿
　 Wǒ　　　　xiōngdì jiěmèi.

3. 你（　　）? 我（　　　）。→ ＿＿＿＿＿＿＿＿＿＿
　 Nǐ　　　? Wǒ　　　.

4. 你（　　）? 我（　　　）。→ ＿＿＿＿＿＿＿＿＿＿
　 Nǐ　　　? Wǒ　　　.

5 イラストに描かれている内容を、第 8 課の本文、ポイント、練習問題、ドリルで学んだ語句を用いて説明しましょう。

1

我　哥哥　妈妈　爸爸　弟弟

2

姐姐　妹妹

爸爸・哥哥・弟弟・妹妹　♥ 第 3 課

6 本文、ポイント、練習問題、ドリルで学習した語句を用い、各 Step の説明をヒントに、家族について言ってみましょう。

テーマ：自己紹介 3（年齢、家族、誕生日など）

Step. 1 我　今年 ＿＿＿＿＿＿＿＿ 岁。（年齢）
　　　　Wǒ　jīnnián　　　　　　　　　suì.

Step. 2 我　家　有 ＿＿＿＿＿＿＿ 口　人。（家族の数）
　　　　Wǒ　jiā　yǒu　　　　　　　kǒu　rén.

　　　　我　有 / 没有 ＿＿＿＿＿＿＿＿＿＿。（兄弟姉妹の有無）
　　　　Wǒ　yǒu　méyǒu　　　　　　　　　　　.

Step. 3 我 ＿＿＿＿＿＿ 比　我 ＿＿＿＿＿＿ ＿＿＿＿＿＿ 岁。
　　　　Wǒ　　　　　　bǐ　wǒ　　　　　　　　　　　suì.

（兄弟姉妹との年齢差）

Step. 4 你　家　有　几　口　人？
　　　　Nǐ　jiā　yǒu　jǐ　kǒu　rén?

月　　　日　学籍番号　　　　　　　名前

1 次の中国語の正しいピンイン表記を選びましょう。

1. 学校　①xiéxiǎo　②xuěshào　③xuéxiào　④xiěshào

2. 车站　①chāzhàng　②chēzhàn　③chōuzhàn　④cēzàn

3. 食堂　①shítáng　②sídáng　③xítáng　④zhídáng

4. 午饭　①gǔfàn　②wǔfàn　③wǒhàn　④gǒuhàn

2 次の単語や語句を発音して覚えましょう。　🎧DL 98　◎CD 2-38

坐公交车（坐车）zuò gōngjiāochē (zuò chē) バスに乗る

开汽车（开车）kāi qìchē(kāi chē) 車を運転する

骑自行车（骑车）qí zìxíngchē(qí chē) 自転車に乗る

早饭 zǎofàn 名 朝食，朝ごはん

晚饭 wǎnfàn 名 夕食，晩ごはん

回家 huí jiā 家に帰る

起床 qǐ//chuáng 動 起きる

睡 shuì，睡觉 shuì//jiào 動 寝る

3 音声を聞いて意味として正しいものを選びましょう。　🎧DL 99　◎CD 2-39

1. ①バスに乗る　②車を運転する　③電車に乗る　④自転車に乗る

2. ①朝食　②昼食　③夕食　④帰宅する

3. ①学校　②図書館　③食堂　④駅

4. ①起きる　②食事する　③でかける　④寝る

4 音声を聞いて、空欄をうめ、さらに日本語に訳しましょう。　🎧DL 100　◎CD 2-40

1. 我 每天（　　　　）去 学校。→ _____
   Wǒ měitiān　　　　　　qù xuéxiào.

2. 你 每天（　　　　）（　　　　　　）? → _____
   Nǐ měitiān　　　　　　　　　　?

3. 我 每天 六 点（　　　　）七 点 半（　　　　　）。
   Wǒ měitiān liù diǎn　　　　　qī diǎn bàn　　　　.

   → _____

4. 我 每天（　　　）八 个（　　　）。→ _____
   Wǒ měitiān　　　　　bā ge　　　　.

5 イラストに描かれている内容を、第9課の本文、ポイント、練習問題、ドリルで学んだ語句を用いて説明しましょう。

1

2

6 本文、ポイント、練習問題、ドリルで学習した語句を用い、各 Step の説明をヒントに、言ってみましょう。

テーマ：生活サイクル

自己紹介をしたあと、となりの人に名前と勉強していることが何なのかを聞きましょう。

Step. 1 我　每天 ＿＿＿＿＿＿ 起床。（起床時間）
　　　　 Wǒ měitiān 　　　　　qǐchuáng.

Step. 2 我　每天 ＿＿＿＿＿＿ 去　学校。（手段）
　　　　 Wǒ měitiān 　　　　　qù xuéxiào.

　　　　 从　我　家　到　学校　要 ＿＿＿＿＿＿ 。（時間）
　　　　 Cóng wǒ jiā dào xuéxiào yào 　　　　　.

Step. 3 我　每天 ＿＿＿＿＿ 左右　回　家，＿＿＿＿＿ 睡觉。（帰宅時間、就寝時刻）
　　　　 Wǒ měitiān 　　　　zuǒyòu huí jiā, 　　　　shuìjiào.

Step. 4 你　每天　几　点　起床？几　点　睡觉？
　　　　 Nǐ měitiān jǐ diǎn qǐchuáng? Jǐ diǎn shuìjiào?

月　　　日　　学籍番号　　　　　　　　　名前

1 次の中国語の正しいピンイン表記を選びましょう。

1. 打工　　①dǎgūn　　②tǎkūn　　③dǎgōng　　④tǎkōng

2. 星期　　①xīnpī　　②xīngqī　　③xīnchī　　④xīngjī

3. 问题　　①wèntí　　②mèndí　　③wèngdí　　④mèngtí

4. 附近　　①fùqìn　　②hùjìn　　③fùjìn　　④fòqìn

2 次の単語や語句を発音して覚えましょう。　　🎧 DL 101　◎ CD 2-41

商店 shāngdiàn 名店，商店　　　　　　送 / 给 / 送给 sòng/gěi/sònggěi 贈る，与える

医院 yīyuàn 名病院　　　　　　　　　礼物 lǐwù 名プレゼント，お土産

旅游 lǚyóu 名動旅行，旅行する　　　　告诉 gàosu 動伝える，話す

吃药 chī yào 薬を飲む　　　　　　　　右边 yòubian 名右側

买东西 mǎi dōngxi 買い物をする　　　左边 zuǒbian 名左側

介绍 jièshào 動紹介する　　　　　　　旁边 pángbiān 名そば

3 音声を聞いて意味として正しいものを選びましょう。　🎧 DL 102　◎ CD 2-42

1. ①コンビニ　　②商店　　　　③病院　　　　④銀行

2. ①本を読む　　②旅行する　　③薬を飲む　　④買い物をする

3. ①紹介する　　②留学する　　③贈る　　　　④伝える

4. ①右側　　　　②左側　　　　③向かい側　　④そば

🎧 DL 103　◎ CD 2-43

4 音声を聞いて、空欄をうめ、さらに日本語に訳しましょう。

1. 我（　　　　　　）便利店（　　　　　　）。→ _____
　　Wǒ　　　　　　　　biànlìdiàn　　　　　　 .

2. 银行（　　　　　　　　　）什么？　→ _____
　　Yínháng　　　　　　　　shénme?

3. 我 一 天（　　　　　）三 次（　　　　　）。→ _____
　　Wǒ yì tiān　　　　　 sān cì　　　　　　 .

4. 我（　　　　）去（　　　　　）。　→ _____
　　Wǒ　　　　　 qù　　　　 .

5 イラストに描かれている内容を、第10課の本文、ポイント、練習問題、ドリルで学んだ語句を用いて説明しましょう。

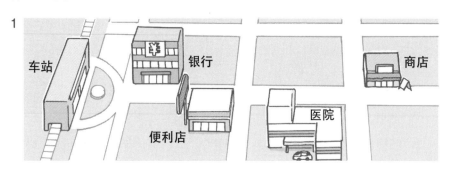

1

2

3

6 本文、ポイント、練習問題、ドリルで学習した語句を用い、各 Step の説明をヒントに、言ってみましょう。

テーマ：アルバイト

Step. 1 我　在 ＿＿＿＿＿＿＿＿ 打工。（アルバイト先）
　　　　Wǒ　zài　　　　　　　dǎgōng.

　　　　我　打工　的 ＿＿＿＿＿＿ 在 ＿＿＿＿＿＿ 。（アルバイト先の所在地）
　　　　Wǒ　dǎgōng　de　　　　　zài

Step. 2 我　一　个　星期　去 ＿＿＿＿＿ 次 / 天 ,（一週間にアルバイトに行く回数 / 日数）
　　　　Wǒ　yí　ge　xīngqī qù　　　　　cì / tiān,

　　　　＿＿＿＿＿＿ 和 ＿＿＿＿＿＿ 去。（アルバイトに行く曜日）
　　　　　　　　　 hé　　　　　　 qù.

Step. 3 我　一　次　打 ＿＿＿＿＿＿ 个　小时。（1回のアルバイトの長さ）
　　　　Wǒ　yí　cì　dǎ　　　　　 ge　xiǎoshí.

70

月　　日　　学籍番号　　　　　　　名前

1 次の中国語の正しいピンイン表記を選びましょう。

1. 环球　①wánqú　②guánqú　③kuánqíu　④huánqiú

2. 玩儿　①wánr　②wángr　③huángér　④yuánér

3. 电视　①tiànxì　②diànxì　③tiànshì　④diànshì

4. 蛋糕　①tàngāo　②tànkāo　③dàngāo　④dàngkāo

2 次の単語や語句を発音して覚えましょう。　　⬇DL 104　◎CD 2-44

找钱包 zhǎo qiánbāo 財布を探す　　　法国菜 Fǎguó cài 名 フランス料理

卖票 mài piào チケットを売る　　　韩国电视剧 Hánguó diànshìjù 名 韓国ドラマ

去年 qùnián 名 去年　　　长城 Chángchéng 名 （万里の）長城

明年 míngnián 名 来年　　　罗马斗兽场 Luómǎ dòushòuchǎng 名 コロッセオ

美国小说 Měiguó xiǎoshuō 名 アメリカ小説　　　金字塔 Jīnzìtǎ 名 ピラミッド

打算 dǎsuan 動 ～するつもりだ　　　要 yào 助動 ～したい

3 音声を聞いて意味として正しいものを選びましょう。　　⬇DL 105　◎CD 2-45

1. ①買い物に行く　②テレビを見る　③財布を探す　④チケットを売る

2. ①きのう　②きょう　③去年　④来年

3. ①アメリカ小説　②フランス料理　③中国映画　④韓国ドラマ

4. ①万里の長城　②ユニバーサルスタジオ　③コロッセオ　④ピラミッド

4 音声を聞いて、空欄をうめ、さらに日本語に訳しましょう。　　⬇DL 106　◎CD 2-46

1. 我（　　　　　）看（　　　　　）。→ _____
　Wǒ　　　　　　　　kàn　　　　　　　.

2. 我　昨天（　　　　）一本（　　　　　）。→ _____
　Wǒ zuótiān　　　　　yì běn　　　　　　.

3. 我　很　想　去（　　　　　　）长城。
　Wǒ　hěn xiǎng qù　　　　　　　Chángchéng.

　→ _____

4. 我（　　　　　）法国　菜。　→ _____
　Wǒ　　　　　　　　Fǎguó cài.

5 イラストに描かれている内容を、第11課の本文、ポイント、練習問題、ドリルで学んだ語句を用いて説明しましょう。

1

2

6 本文、ポイント、練習問題、ドリルで学習した語句を用い、各 Step の説明をヒントに、興味のある、あるいは行ってみたい国や地域で何をしたいかを言ってみましょう。

テーマ：予定、計画

Step. 1 我　在　看　《 ＿＿＿＿＿＿ 旅行指南》。（行ってみたい、興味のある国や地域）
　　　　Wǒ　zài　kàn　　　　　　　　lǚxíng zhǐnán.

☆旅行指南 lǚxíng zhǐnán 旅行ガイドブック

Step. 2 我　还　没　去过 ＿＿＿＿＿＿ 。（Step1 の地名やそこにある場所の名前）
　　　　Wǒ　hái　méi　qùguo　　　　　　.

Step. 3 我　想　去 ＿＿＿＿＿＿＿＿＿＿ 。（そこへ行き何をしたいか）
　　　　Wǒ　xiǎng　qù　　　　　　　　　　.

月　　　日　　学籍番号　　　　　　　名前

1 次の中国語の正しいピンイン表記を選びましょう。

1. 照片　①chàopiān　②qiàobiàn　③zhàopiàn　④jiàobiàn

2. 房间　①fángjiān　②huángqiān　③bángqiān　④pángbiān

3. 喜欢　①xǔfan　②xǐhuan　③sǐfan　④sǔhuan

4. 参加　①kānqiā　②sānqiā　③cānjiā　④zānjiā

2 次の単語を発音して覚えましょう。　　　　　　　　　🎧 DL 107　　◎ CD 2-47

练习 liànxí [動]練習する　　　　　　　　游泳池 yóuyǒngchí [名]プール

放 fàng [動]置く，入れる　　　　　　　社团 shètuán [名]（大学などの）クラブ

聊天儿 liáotiānr [動]おしゃべりする　　好看 hǎokàn [形]（見て）きれいだ

用 yòng [介]〜で（手段，道具など）　好听 hǎotīng [形]（聞いて）きれいだ

操场 cāochǎng [名]グラウンド　　　　　明白 míngbai [形]はっきりしている

3 音声を聞いて意味として正しいものを選びましょう。　🎧 DL 108　　◎ CD 2-48

1. ①読書する　②泳ぐ　　　　　③おしゃべりをする　④練習する

2. ①置く　　②貼る　　　　　　③掛ける　　　　　　④閉める

3. ①グラウンド　②プール　　　③部屋　　　　　　　④教室

4. ①（飲み物が）おいしい　②（食べ物が）おいしい　③（見て）きれいだ　④はっきりしている

4 音声を聞いて、空欄をうめ、さらに日本語に訳しましょう。　🎧 DL 109　　◎ CD 2-49

1. 操场（　　　　　　　　　）游泳池。　→ _____
   Cāochǎng　　　　　　　　　yóuyǒngchí.

2. 现在 我（　　　　　）。　→ _____
   Xiànzài wǒ　　　　　　　.

3. 我（　　　　）游泳，我（　　　　）游 500 米。
   Wǒ　　　　　yóuyǒng, wǒ　　　　　yóu wǔbǎi mǐ.

   → _____

4. 她 昨天（　　　　　　　）书包 很 好看。
   Tā zuótiān　　　　　　　shūbāo hěn hǎokàn.

   → _____

5 イラストに描かれている内容を、第12課の本文、ポイント、練習問題、ドリルで学んだ語句を用いて説明しましょう。

1   2   3

6 本文、ポイント、練習問題、ドリルで学習した語句を用い、各Stepの説明をヒントに、自分が今、学校で勉強したり練習したりしていることを言ってみましょう。

テーマ：学習や練習の成果と目標

Step. 1 我　在　大学　学习 ＿＿＿＿＿＿ 。（学んでいる外国語）
　　　　Wǒ zài dàxué xuéxí 　　　　　　　 .

　　　　我　每天　都　练习　说 ＿＿＿＿＿＿ 。（学んでいる外国語）
　　　　Wǒ měitiān dōu liànxí shuō 　　　　　 .

Step. 2 以前　我　不　会　说 ＿＿＿＿＿＿ ，　　　　　　　　　　"以前"は以前
　　　　Yǐqián wǒ bú huì shuō 　　　　　　　 ,

　　　　现在　我　会　说　一点儿 ＿＿＿＿＿＿ 了。
　　　　xiànzài wǒ huì shuō yìdiǎnr 　　　　　 le.

　　　　　　　　　　　　（Step.1から。練習を通して少しできるようになった）

Step. 3 我　参加　的　社团里　有　一　个 ＿＿＿＿＿＿ 留学生。（国や地域）
　　　　Wǒ cānjiā de shètuánli yǒu yí ge 　　　　　 liúxuéshēng.

Step. 4 我　想　和　他 / 她　用 ＿＿＿＿＿＿ 聊天儿。（Step.1から）
　　　　Wǒ xiǎng hé tā / tā yòng 　　　　　 liáotiānr.

月　　　日　　学籍番号　　　　　　　　名前

1 次の中国語の正しいピンイン表記を選びましょう。

1. 菜单　　① càidān　　② kàitān　　③ zàitān　　④ sàidān

2. 清淡　　① qīntàn　　② xīndàng　　③ qīngdàn　　④ xīngtàn

3. 教室　　① chàoxì　　② zhàoshì　　③ qiàoxì　　④ jiàoshì

4. 牛奶　　① jiúnǔ　　② qiúní　　③ niúnǎi　　④ núnéi

2 次の単語や語句を発音して覚えましょう。　　　　　　　　　　　　DL 110
　　　　　　　　　　　　　　　　　　　　　　　　　　　　　　CD 2-50

喝酒 hē jiǔ お酒を飲む　　　　　　　　饮料 yǐnliào 图飲み物

抽烟 chōu yān たばこを吸う　　　　　　主菜 zhǔcài 图メインディッシュ

感冒 gǎnmào 動風邪をひく　　　　　　　汤 tāng 图スープ

发烧 fā//shāo 動熱が出る，熱がある　　甜点 tiándiǎn 图デザート

咳嗽 késou 動咳が出る　　　　　　　　里边 lǐbian 图中

不舒服 bù shūfu 気分・具合・調子が良くない　　外边 wàibian 图外

3 音声を聞いて意味として正しいものを選びましょう。　　　　　　　DL 111
　　　　　　　　　　　　　　　　　　　　　　　　　　　　　　CD 2-51

1. ① たばこを吸う　② お酒を飲む　　③ 料理を注文する　④ 留学する

2. ① 熱がある　　　② 咳が出る　　　③ 気分が悪い　　　④ 風邪をひく

3. ① メインディッシュ ② スープ　　③ ミルク　　　　　④ デザート

4. ① 右　　　　　　② 左　　　　　　③ 中　　　　　　　④ 外

4 音声を聞いて、空欄をうめ、さらに日本語に訳しましょう。　　　　DL 112
　　　　　　　　　　　　　　　　　　　　　　　　　　　　　　CD 2-52

1. 我们（　　　　　）一个（　　　　　）和 两 个（　　　　　）吧。
　Wǒmen　　　　　yí ge　　　　　hé liǎng ge　　　　　ba.

　→ _____

2. 这么 多菜, 我 一 个 人（　　　　　）。→ _____
　Zhème duō cài, wǒ yí ge rén　　　　　.

3. 妈妈 不 让 我（　　　　　）喝 酒。→ _____
　Māma bú ràng wǒ　　　　　hē jiǔ.

4. 你（　　　　）甜点（　　　）吗？→ _____
　Nǐ　　　　tiándiǎn　　　ma?

75

5 イラストに描かれている内容を、第13課の本文、ポイント、練習問題、ドリルで学んだ語句を用いて説明しましょう。

1

2

3

6 本文、ポイント、練習問題、ドリルで学習した語句を用い、各Stepの説明をヒントに、体調や病状を伝えましょう。

テーマ：体調を伝える

Step. 1 我　今天　有点儿 _____ 。（病状）
　　　　Wǒ jīntiān yǒudiǎnr 　　　　　　　　.　　　☆有点儿 yǒudiǎnr 副 少し~である

Step. 2 还有 _____ 。（病状2）
　　　　Háiyǒu 　　　　　　　.　　　☆还有 háiyǒu 接 さらに，その上

Step. 3 我　今天　不　能 _____ 。（何をすることができないか）
　　　　Wǒ jīntiān bù néng 　　　　　　　.

月　　　日　　学籍番号　　　　　　　　名前

1 次の中国語の正しいピンイン表記を選びましょう。

1. 高兴　　① kāojìng　　② kōuxìn　　③ gāoxìng　　④ gōuqìng

2. 迟到　　① cídào　　② chídào　　③ zítào　　④ zhítào

3. 比赛　　① bǐsài　　② pícài　　③ biěsè　　④ piěcè

4. 寒假　　① fánqià　　② hánjià　　③ shǔjià　　④ sǔqià

2 次の単語や語句を発音して覚えましょう。　　　🎧 DL 113　　◉ CD 2-53

暑假 shǔjià 名 夏休み　　　　　　毕业 bì//yè 動 卒業する

地铁 dìtiě 名 地下鉄　　　　　　唱歌 chàng gē 歌をうたう

批评 pīpíng 動 叱る　　　　　　鼓励 gǔlì 動 励ます

写字 xiě zì 字を書く　　　　　　休息 xiūxi 動 休む

清楚 qīngchu 形 はっきりしている　紧张 jǐnzhāng 形 緊張している

3 音声を聞いて意味として正しいものを選びましょう。　　🎧 DL 114　　◉ CD 2-54

1. ① 夏休み　　② 自転車　　③ クラブ　　④ 地下鉄

2. ① 盗む　　② はっきりしている　③ うたを歌う　④ 字を書く

3. ① 休みになる　② 試験を受ける　③ 卒業する　④ 宿題をする

4. ① 励ます　　② 休む　　③ 緊張している　④ 叱る

4 音声を聞いて、空欄をうめ、さらに日本語に訳しましょう。　🎧 DL 115　　◉ CD 2-55

1. 你　昨天（　　　　　）怎么　来　学校（　　　　　）？
   Nǐ　zuótiān　　　　　　　　zěnme　lái　xuéxiào　　　　　　？

   → _____

2. 我（　　　　　）老师（　　　　　）了。
   Wǒ　　　　　　　lǎoshī　　　　　　le.

   → _____

3. 星期天　我（　　　　　）很　好。→ _____
   Xīngqītiān　wǒ　　　　　　hěn　hǎo.

4. 她（　　　　）毕业（　　　　）吧？　→ _____
   Tā　　　　　bìyè　　　　　ba?

5 イラストに描かれている内容を、第14課の本文、ポイント、練習問題、ドリルで学んだ語句を用いて説明しましょう。

1

2

3

6 本文、ポイント、練習問題、ドリルで学習した語句を用い、各Stepの説明をヒントに、趣味や習い事など、進んで取り組んでいることを言ってみましょう。

テーマ：趣味や習い事、勉強していることについて説明する

Step. 1 我 在 学 ＿＿＿＿＿＿＿ 。（習っていること）
Wǒ　zài　xué　　　　　　　　　.

我 喜欢 ＿＿＿＿＿＿＿ 。（好きなこと、趣味）
Wǒ　xǐhuan　　　　　　　　　.

ヒント：動詞＋名詞の語句を入れよう

Step. 2 我 是 从 ＿＿＿＿＿ 开始 ＿＿＿＿＿ 的。
Wǒ　shì　cóng　　　　　kāishǐ　　　　　de.

（いつ趣味や習い事、勉強を始めたか）

Step. 3 我 ＿＿＿＿＿ 得 ＿＿＿＿＿ 。（どのようなレベル、様態か）
Wǒ　　　　　　de　　　　　　.

ご採用の先生方へ

本テキストに付録している plus+Media の文法解説動画の中に確認問題を挿入しています。この文法解説動画の確認問題は、次に説明する CheckLink に対応しています。（このテキスト自体には CheckLink 対応の問題はありませんのでご注意ください）。

CheckLink を使用しなくても問題ありませんが、反転授業などにご活用いただける、授業活性化に役立つツールです。右ページをご参考いただき、ぜひご活用ください。

なお、付録の内容などの詳しい説明は、教授用資料にありますので、そちらもご参考いただけますと幸いです。

本書は CheckLink（チェックリンク）対応テキストです。

CheckLinkのアイコンが表示されている設問は、CheckLinkに対応しています。

CheckLinkを使用しなくても従来通りの授業ができますが、特色をご理解いただき、授業活性化のためにぜひご活用ください。

CheckLinkの特色について

大掛かりで複雑な従来のe-learningシステムとは異なり、CheckLinkのシステムは大きな特色として次の3点が挙げられます。

1. これまで行われてきた教科書を使った授業展開に大幅な変化を加えることなく、専門的な知識なしにデジタル学習環境を導入することができる。
2. PC教室やCALL教室といった最新の機器が導入された教室に限定されることなく、普通教室を使用した授業でもデジタル学習環境を導入することができる。
3. 授業中での使用に特化し、教師・学習者双方のモチベーション・集中力をアップさせ、授業自体を活性化することができる。

▶教科書を使用した授業に「デジタル学習環境」を導入できる

本システムでは、学習者は教科書のCheckLinkのアイコンが表示されている設問にPCやスマートフォン、アプリからインターネットを通して解答します。そして教師は、授業中にリアルタイムで解答結果を把握し、正解率などに応じて有効な解説を行うことができるようになっています。教科書自体は従来と何ら変わりはありません。解答の手段としてCheckLinkを使用しない場合でも、従来通りの教科書として使用して授業を行うことも、もちろん可能です。

▶教室環境を選ばない

従来の多機能なe-learning教材のように学習者側の画面に多くの機能を持たせることはせず、「解答する」ことに機能を特化しました。PCだけでなく、一部タブレット端末やスマートフォン、アプリからの解答も可能です。したがって、PC教室やCALL教室といった大掛かりな教室は必要としません。普通教室でもCheckLinkを用いた授業が可能です。教師はPCだけでなく、一部タブレット端末やスマートフォンからも解答結果の確認をすることができます。

▶授業を活性化するための支援システム

本システムは予習や復習のツールとしてではなく、授業中に活用されることで真価を発揮する仕組みになっています。CheckLinkというデジタル学習環境を通じ、教師と学習者双方が授業中に解答状況などの様々な情報を共有することで、学習者はやる気を持って解答し、教師は解答状況に応じて効果的な解説を行う、という好循環を生み出します。CheckLinkは、普段の授業をより活力のあるものへと変えていきます。

上記3つの大きな特色以外にも、掲示板などの授業中に活用できる機能を用意しています。従来通りの教科書としても使用はできますが、ぜひCheckLinkの機能をご理解いただき、普段の授業をより活性化されたものにしていくためにご活用ください。

CheckLink の使い方

CheckLink は、PCや一部のタブレット端末、スマートフォン、アプリを用いて、この教科書にある
ⒸCheckLink のアイコン表示のある設問に解答するシステムです。

・初めてCheckLinkを使う場合、以下の要領で**「学習者登録」**と**「教科書登録」**を行います。

・一度登録を済ませれば、あとは毎回**「ログイン画面」**から入るだけです。CheckLinkを使う
　教科書が増えたときだけ、改めて**「教科書登録」**を行ってください。

CheckLink URL

https://checklink.kinsei-do.co.jp/student/

 登録は CheckLink 学習者用
アプリが便利です。ダウン
ロードはこちらから ▶ ▶ ▶

▶**学習者登録** (PC /タブレット/スマートフォンの場合)

①上記URLにアクセスすると、右のページが表示されます。学校名を入力し
　「ログイン画面へ」を選択してください。
　PCの場合は `「PC用はこちら」` **を選択して**PC用ページを表示します。同
　様に学校名を入力し「ログイン画面へ」を選択してください。

②ログイン画面が表示されたら `「初めての方はこちら」` を選択し
　「学習者登録画面」に入ります。

③自分の学籍番号、氏名、メールアドレス(学校
　のメールなど**PCメールを推奨**)を入力し、次
　に**任意のパスワード**を8桁以上20桁未満(半
　角英数字)で入力します。なお、学籍番号は
　パスワードとして使用することはできません。

④「パスワード確認」は、❸で入力したパスワー
　ドと同じものを入力します。

⑤最後に「登録」ボタンを選択して登録は完了
　です。次回からは、「ログイン画面」から学籍
　番号とパスワードを入力してログインしてく
　ださい。

▶教科書登録

① ログイン後、メニュー画面から「教科書登録」を選び（PCの場合はその後「新規登録」ボタンを選択）、「教科書登録」画面を開きます。

② 教科書と受講する授業を登録します。
教科書の最終ページにある、**教科書固有番号**のシールをはがし、印字された**16桁の数字とアルファベット**を入力します。

③ 授業を担当される先生から連絡された**11桁の授業ID**を入力します。

④ 最後に「登録」ボタンを選択して登録は完了です。

⑤ 実際に使用する際は「教科書一覧」（PCの場合は「教科書選択画面」）の該当する教科書名を選択すると、「問題解答」の画面が表示されます。

▶問題解答

① 問題は教科書を見ながら解答します。この教科書の ⟳CheckLink のアイコン表示のある設問に解答できます。

② 問題が表示されたら選択肢を選びます。

③ 表示されている問題に解答した後、「解答」ボタンを選択すると解答が登録されます。

▶CheckLink 推奨環境

PC

推奨 OS
   Windows 7, 10 以降
   MacOS X 以降

推奨ブラウザ
   Internet Explorer 8.0 以上
   Firefox 40.0 以上
   Google Chrome 50 以上
   Safari

携帯電話・スマートフォン

   3G 以降の携帯電話（docomo, au, softbank）
   iPhone, iPad（iOS9 ～）
   Android OS スマートフォン、タブレット

・最新の推奨環境についてはウェブサイトをご確認ください。
・上記の推奨環境を満たしている場合でも、機種によってはご利用いただけない場合もあります。また、
  推奨環境は技術動向等により変更される場合があります。

▶CheckLink 開発

CheckLink は奥田裕司 福岡大学教授、正興 IT ソリューション株式会社、株式会社金星堂によって共同開発されました。

CheckLink は株式会社金星堂の登録商標です。

CheckLink の使い方に関するお問い合わせは…

正興ITソリューション株式会社　CheckLink 係

e-mail checklink@seiko-denki.co.jp

このテキストのメインページ
www.kinsei-do.co.jp/plusmedia/0729

次のページの QR コードを読み取ると
直接ページにジャンプできます

オンライン映像配信サービス「plus⁺Media」について

本テキストの映像は plus⁺Media ページ（www.kinsei-do.co.jp/plusmedia）から、ストリーミング再生でご利用いただけます。手順は以下に従ってください。

ログイン

ログインページ

●ご利用には、ログインが必要です。
サイトのログインページ（www.kinsei-do.co.jp/plusmedia/login）へ行き、plus⁺Media パスワード（次のページのシールをはがしたあとに印字されている数字とアルファベット）を入力します。

●パスワードは各テキストにつき1つです。
有効期限は、<u>はじめて</u>ログインした時点から1年間になります。

[利用方法]

次のページにある QR コード、もしくは plus⁺Media トップページ（www.kinsei-do.co.jp/plusmedia）から該当するテキストを選んで、そのテキストのメインページにジャンプしてください。

メニューページ　　再生画面

plus+Media トップ　　メインページ

「Video」「Audio」をタッチすると、それぞれのメニューページにジャンプしますので、そこから該当する項目を選べば、ストリーミングが開始されます。

[推奨環境]

iOS (iPhone, iPad)	OS: iOS 12 以降 ブラウザ：標準ブラウザ	Android	OS: Android 6 以降 ブラウザ：標準ブラウザ、Chrome
PC	OS: Windows 7/8/8.1/10, MacOS X　ブラウザ: Internet Explorer 10/11, Microsoft Edge, Firefox 48以降, Chrome 53以降, Safari		

※最新の推奨環境についてはウェブサイトをご確認ください。
※上記の推奨環境を満たしている場合でも、機種によってはご利用いただけない場合もあります。また、推奨環境は技術動向等により変更される場合があります。予めご了承ください。

本テキストをご使用の方は以下の動画を視聴することができます。

発音解説・練習動画

解説パート
李軼倫先生が発音のコツをわかりやすく解説

練習パート
チャンツを活用して、リズムに合わせて発音練習

文法解説動画

金子真生先生が文法について簡潔に解説

確認問題は CheckLink で解答状況を確認

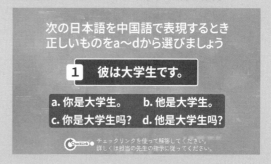

日中異文化理解動画

会話シーン

解説シーン

● 日本を舞台とした会話シーンでは、日本人学生と留学生のやり取りから、日中異文化を描いています。

● 解説シーンでは洪潔清先生による異文化理解の説明があります。

著　者

奥村佳代子

塩山　正純

張　　軼欧

表紙デザイン

(株)欧友社

イラスト

川野　郁代

初級中国語　会話編　改訂版
〜自分のことばで話す中国語〜

2023 年 1 月 9 日　初 版 発 行
2024 年 2 月 20 日　第 3 刷発行

著　者　©奥村佳代子
　　　　塩山　正純
　　　　張　　軼欧
発行者　福岡正人
発行所　株式会社　金星堂

〒101-0051　東京都千代田区神田神保町 3-21
Tel. 03-3263-3828　Fax. 03-3263-0716
E-mail：text@kinsei-do.co.jp
URL：http://www.kinsei-do.co.jp

編集担当　川井義大　　　　　　　　　2-00-0729
組版／株式会社欧友社　印刷・製本／興亜産業

KINSEIDO, 2023, Printed in Japan

ISBN978-4-7647-0729-0　C1087

中国語音節表

	声母＼韻母	介音なし																i[i]	ia	iao	ie
		a	o	e	-i[ʅ]	-i[ɿ]	er	ai	ei	ao	ou	an	en	ang	eng	-ong	i[i]	ia	iao	ie
	ゼロ	a	o	e			er	ai	ei	ao	ou	an	en	ang	eng		yi	ya	yao	ye
唇音	b	ba	bo					bai	bei	bao		ban	ben	bang	beng		bi		biao	bie
	p	pa	po					pai	pei	pao	pou	pan	pen	pang	peng		pi		piao	pie
	m	ma	mo	me				mai	mei	mao	mou	man	men	mang	meng		mi		miao	mi
	f	fa	fo						fei		fou	fan	fen	fang	feng					
舌尖音	d	da		de				dai	dei	dao	dou	dan	den	dang	deng	dong	di		diao	die
	t	ta		te				tai		tao	tou	tan		tang	teng	tong	ti		tiao	tie
	n	na		ne				nai	nei	nao	nou	nan	nen	nang	neng	nong	ni		niao	nie
	l	la		le				lai	lei	lao	lou	lan		lang	leng	long	li	lia	liao	lie
舌根音	g	ga		ge				gai	gei	gao	gou	gan	gen	gang	geng	gong				
	k	ka		ke				kai	kei	kao	kou	kan	ken	kang	keng	kong				
	h	ha		he				hai	hei	hao	hou	han	hen	hang	heng	hong				
舌面音	j																ji	jia	jiao	jie
	q																qi	qia	qiao	qie
	x																xi	xia	xiao	xie
そり舌音	zh	zha		zhe	zhi			zhai	zhei	zhao	zhou	zhan	zhen	zhang	zheng	zhong				
	ch	cha		che	chi			chai		chao	chou	chan	chen	chang	cheng	chong				
	sh	sha		she	shi			shai	shei	shao	shou	shan	shen	shang	sheng					
	r			re	ri					rao	rou	ran	ren	rang	reng	rong				
舌歯音	z	za		ze		zi		zai	zei	zao	zou	zan	zen	zang	zeng	zong				
	c	ca		ce		ci		cai		cao	cou	can	cen	cang	ceng	cong				
	s	sa		se		si		sai		sao	sou	san	sen	sang	seng	song				

介音 i						介音 u									介音 ü			
iou	ian	in	iang	ing	iong	u	ua	uo	uai	uei	uan	uen	uang	ueng	ü	üe	üan	ün
you	yan	yin	yang	ying	yong	wu	wa	wo	wai	wei	wan	wen	wang	weng	yu	yue	yuan	yun
	bian	bin		bing		bu												
	pian	pin		ping		pu												
miu	mian	min		ming		mu												
						fu												
diu	dian			ding		du		duo		dui	duan	dun						
	tian			ting		tu		tuo		tui	tuan	tun						
niu	nian	nin	niang	ning		nu		nuo			nuan				nü	nüe		
liu	lian	lin	liang	ling		lu		luo			luan	lun			lü	lüe		
						gu	gua	guo	guai	gui	guan	gun	guang					
						ku	kua	kuo	kuai	kui	kuan	kun	kuang					
						hu	hua	huo	huai	hui	huan	hun	huang					
jiu	jian	jin	jiang	jing	jiong										ju	jue	juan	jun
qiu	qian	qin	qiang	qing	qiong										qu	que	quan	qun
xiu	xian	xin	xiang	xing	xiong										xu	xue	xuan	xun
						zhu	zhua	zhuo	zhuai	zhui	zhuan	zhun	zhuang					
						chu	chua	chuo	chuai	chui	chuan	chun	chuang					
						shu	shua	shuo	shuai	shui	shuan	shun	shuang					
						ru	rua	ruo		rui	ruan	run						
						zu		zuo		zui	zuan	zun						
						cu		cuo		cui	cuan	cun						
						su		suo		sui	suan	sun						

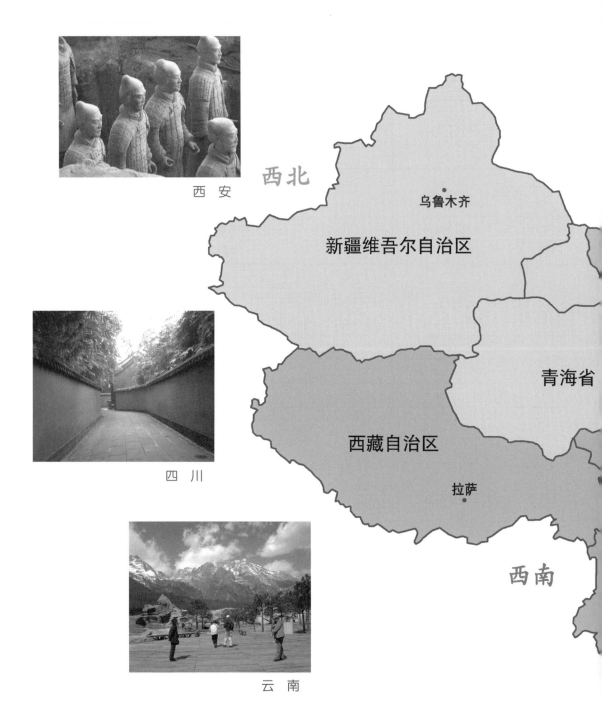

西安

四 川

云 南

西北

乌鲁木齐

新疆维吾尔自治区

青海省

西藏自治区

拉萨

西南

呼和浩特

黑龙江省
哈尔滨

长春
吉林省

沈阳
辽宁省

东北

内蒙古自治区

华北

呼和浩特

北京市

石家庄
天津市

河北省

济南

山东省

江苏省 华东

北京

宁夏回族
自治区

银川

山西省 太原

西宁

兰州

甘肃省

西安

郑州

河南省

陕西省

安徽省 南京

上海市

合肥

四川省 成都

湖北省 武汉

华中

杭州
浙江省

重庆市

长沙

南昌

湖南省 江西省

福州

贵州省

贵阳

福建省

昆明

广西壮族

云南省

自治区

广东省

广州

台北 台湾

香港

华南

南宁

澳门

海口
海南省

上 海